U0000797

科學叢書

創傷之源起
透視兒童虐待與精神疾病之問題

江建勳 ——◎ 著

臺灣商務印書館

自 序

　　一般人認為虐待的行為只是大欺小、強凌弱、富霸窮而已，沒什麼了不起，是人生不可避免的事，其實不然，虐待會造成極大的傷害，後患無窮，如果兒童期受到虐待，不僅兒童當時受害，甚至長到成年時有可能發生精神異常的情況。本書談到虐待是非常複雜的行為，虐待有三種類別：肉體的虐待、性的虐待及情緒虐待，而忽視則是情緒虐待的本質，為大多數人所不認識，兒童受虐首先容易產生憂鬱症狀，而且加速身體老化，甚至造成未來長大去自殺，虐待通常造成創傷，受到創傷的兒童，如經歷大屠殺、大災難、大飢荒等自然災害，或經歷各種人為傷害，如貧窮、暴力與壓力，導致成年時不健康、肥胖等傷害身體的現象，甚至影響到染色體端粒變短，更可怕的是這些不利的情況影響向下直達分子層次之基因表現。

　　而做父母親的人必須非常留意自己的行為，因為任何不良行為都會使你（妳）的小孩未來陷入肉體健康與精神健康的危險中，不但母親的飲食引起兒童肥胖，動物實驗也發現母鼠的飲食也會讓後代毛色改變，而且老爸肥胖也影響女兒的健康容易得糖尿病，由於吃入的食物會改變基因，同時吃進的是垃圾食物時，還會引起後代產生癌症。

慢性壓力會導致憂鬱症是許多人皆知的事實，英國的研究顯示有十分之一的兒童產生精神疾病，最後減短其壽命，社會階級低的家庭更是如此，不但出現情緒異常症，還會出現行為異常症，行為異常症包括笨拙、製造麻煩、侵略性及反社會行為。可怕的是父母親與小孩會同時會感受壓力，甚至母親的壓力會作用至子宮裡的胎兒。

近代的科學家發現環境與基因的交互作用非常密切，環境因子與飲食會影響基因的表現，而基因被甲基分子附著時會產生所謂漸成基因作用，通常是將基因關閉，此基因就無法製造應有的蛋白質，如果這個蛋白質功能非常重要，其影響就非同小可，基因被甲基化會形成肥胖。美國史丹福大學的科學家最近發現線蟲基因被甲基化後其壽命增加30%，這種後天獲得的長壽效應居然會遺傳至後代三代之多，因此稱其為漸成基因遺傳作用，而且線蟲的遺傳物質DNA並未受到改變，除此之外漸成基因作用可引發多種精神疾病，如兩極性異常症或精神分裂症等，此時傳統遺傳學遇到一個轉折，漸成基因作用的重要性日增，許多科學家投入準備找出人類心靈的開關，漸成基因作用究竟是否是這個開關的本尊？

邊緣性人格異常症是非常嚴重的精神疾病，患病之人其情緒不時會突然爆發，介於狂喜與暴怒的兩種極端情況間擺盪，甚至要去自殺（75%的人會自我傷害，10%的人去自殺），一般最輕微的情緒觸動就會產生巨大痛苦，此病的發生與性別無關，但是二十餘歲

的人則面臨最大危險,而病因可能出自於家庭內產生環境與基因間不幸的因果關係造成,而兒童期經驗卻是關鍵因子,目前醫生的難題是沒有方法可有效治療這種精神異常症,大部分都是服用抗憂鬱藥物,但療效不佳。在 1990 年代科學家發展出一種新的治療法,稱為「辯證行為治療法」,屬於認知行為療法的一種,可獲得某些病情的改善,使得病人絕望的生命變得可予救贖。本書所討論的議題都與我們的大腦有關,這是人類最神奇的器官,更是一個具有彈性的構造(與舊有觀念相反),現代科學家不但大力且深入地研究大腦,更添加探究基因變異的工具,創造出新穎的神經科學領域,使得遺傳學與演化學可能發生某些質變,值得讀者十分注意。

近幾年台灣時常發生虐待情事,報紙上的報導讓人讀了怵目驚心,有狠心的父親將幼兒丟進滾燙的麵湯裡燙死,有母親的情人將小孩暴力打得遍體鱗傷致死,有保母將他人的心肝寶貝凌虐而亡。根據兒福聯盟統計,近七年共發生二百一十七起重大兒虐案,造成 99 名兒少受虐致死,有立委表示將提案修正刑法第 286 條,加重虐兒刑責,將虐兒適用範圍由「妨害身體發育」擴大為「妨害身心健全或發育」,最低刑度由「拘役」調高為「六個月以上」,而虐兒致死者,最重可處無期徒刑,希望立院在這個會期列為優先法案。本書的論述都是以科學實驗來強調虐待、創傷對兒童產生的傷害,包括成長至成年期時可能發生暴力循環、精神疾病甚至自殺事件,肉體的傷口或許可以癒合,但是精神上的損傷如何彌補?這種相關

機制不但與大腦發育息息相關，近代的科學更一步證明影響直達最
底層的分子基因層次，本書希望讀者不只是視虐待與精神疾病為表
淺的社會現象或兒童教養問題，更能本諸科學精神來了解所謂的漸
成基因作用與大腦科學的知識。

寫於 2012 年 2 月 18 日

目　錄

1.

兒童受虐待引起諸多副作用

可怕的問題——虐待兒童

我們適時獲得有關兒童受到虐待的資訊非常重要，但是同樣重要的是我們不要驚慌並且也不要過度保護我們的小孩。

目前存在有四種主要的虐待種類：

肉體虐待——當父母親或其他成年人刻意傷害兒童或不採取任何行動來預防此種傷害，這不只包括肉體暴力，而且是給予兒童酒精或毒品，最嚴重案例會產生大腦損傷及甚至死亡。

情緒虐待——當父母親對兒童無法持續顯示愛及感情，情況可能包括諷刺、威脅、吼叫及辱罵，這些影響十分嚴重而且具有長期負作用。

忽視——當父母親無法滿足兒童對於食物、溫暖、衣著或醫療照顧的基本需求，被忽視的兒童可能非常退縮或非常具有侵略性，而且會發展出健康問題或對於學校的教學具有學習困難。有時忽視是情緒虐待之一環。

性虐待——當成年人，或有時年齡較大的兒童，利用另一個兒童滿足性的需求，此行為可能表示強迫兒童進行性行為，或刻意讓兒童觀看成年色情錄影片或雜誌，並且以性的方式拍攝兒童影片或照片。男孩與女孩同時都會被性虐待，

而且這會發生在年齡非常小的兒童（即使是嬰兒）身上以及較大的兒童，性虐待的影響是持續受苦並且受到高度傷害，某些被此種方式虐待的兒童可能繼續受虐直到他們自己變成虐待者，雖然父母親非常擔心有關戀童者及危險陌生人，十分重要的是要記住大部分性虐待發生於家庭內並且虐待者是兒童所認識的人。

關鍵事實

- 估計在英格蘭及威爾斯每星期至少有一個兒童受到肉體虐待而死亡，嬰兒特別容易發生，他們被殺害的比例是其他所有年齡兒童的五倍。

- 大約有三萬個兒童目前登錄在英國「兒童保護登記名單」（child protection registers）上，當健康或社會服務人員關切到兒童處於受虐待的危險時，就會將兒童的名字登錄。

- 十個年輕人中有八個曾經受到肉體虐待，也曾見到暴力發生在他們父母間及照顧者間。

3

與你的小孩談論有關虐待的問題

你時常不可能保護你的小孩不受新聞中虐待或誘拐事件的影響，如果你的小孩被一篇報導案例驚嚇到，要強調這些案例非常稀少，而且幾乎所有兒童都過著安全及快樂的生活；只有極少數成年人以某些方式傷害兒童。

獲取協助

如果你關心有關兒童的安全問題，要信任你的直覺並採取行動確認任何虐待會被制止。

· 打電話給台灣現代婦女基金會，電話：02-23917133，地址：100 台北市羅斯福路一段 7 號 7 樓之 1B 室，來討論你關切之事。

· 報警──如果兒童處於危險中，立刻聯絡警察。

· 告訴你的家庭醫生、健康訪視員或社會服務人員請求指導下一步如何進行。童避難所」(Kidscape)，電話：020 7730 3300，及「雙親電話線」（Parentline Plus），電話：0808 800 2222。

兒童受虐待身體加速老化

兒童時期受到身體或情緒的虐待會加速他們身體的老化過程。

2009 年 11 月美國布朗大學的一個研究小組在《生物精神病學》（*Biological Psychiatry*）期刊上發表論文，研究集中於「端粒」（telomeres）的構造，這是在染色體末端上具有保護作用的蓋子，能維持細胞 DNA 的穩定，但是會因老化而縮短。科學家發現三十一個人（包括二十二個女人及九個男人，他們報告在兒童時期受到虐待）的端粒傾向更快速縮短，加速細胞老化過程，主導研究的奧德利・泰爾卡（Audrey Tyrka）博士表示：這結果給我們一個提示：早期發育經驗可能對生物學產生重大影響，因此能在非常基本的層次影響細胞機制。

端粒是個較短而特化的 DNA 段落，位於人體所有染色體的末端，好比是鞋帶末稍的塑膠束帶，可防止帶子纖維散開，細胞每經過一次分裂，其端粒就減短一些，而細胞變得對死亡更敏感，從前的研究已經發現：當暴露於毒素例如輻射及香菸時，端粒就會加速減短。也有研究建議精神疾病問題及壓力可能具有類似影響，最新研究認為在生命早期的心

理創傷可能儲備提升了未來類似問題的發生，研究人員也注意到那些雖然報告在兒童期受到虐待的人，他們仍然健康，目前或過去也沒有精神異常的徵狀。

泰爾卡博士說明必須進行更多研究來確認兒童期壓力對於細胞老化的真正衝擊，科學家仍然不知道此情況之完整意義，長度較短的端粒一般與老化及某些疾病有關，包括心臟血管疾病及癌症，如今顯示這有可能是兒童期受到虐待後產生疾病危險的一種機制，但是端粒在此過程的真正角色仍然須要進一步釐清，有些實驗對象承認在童年時期時發生情緒、身體或性虐待或受到忽視的情況。英國倫敦國王學院的端粒及老化專家提姆・史貝克特（Tim Spector）教授解釋說：該研究及結果在理論上看起來有道理，由於研究人員從前已經發現端粒與慢性壓力有關，然而，其他許多不同的不良情況已知也會減短端粒，例如抽煙、肥胖、缺乏運動、社會階級以及基因等，以此種小規模研究樣本而言，除了虐待之外的任何因素都可能實際造成相同結果，因此該研究必須以大得多的樣本來複試。

兒童期創傷可能縮短二十年壽命

美國疾病管制及預防中心研究發現，兒童期發生的問題其影響會是一輩子的。

然而這可能並不令人感到驚奇，有研究表示，兒童期創傷的存活者會遭遇到更困難的日子，同時預期那些兒童的壽命幾乎平均縮短二十年。美國疾病管制與預防中心（CDC）進行的一個新研究顯示，兒童期曾經經歷六個或更多創傷事件的兒童（包括受到情緒、肉體或性虐待或家庭功能失調），比起那些並未受到那種程度創傷的同伴其平均壽命要短十九年。

壓力傾向在人類生命中累積，同時似乎影響他們的發育情況，並能影響其思考與情緒控制的方式，羅伯‧安達（Dr. Robert Anda）博士解釋說，他在美國 CDC 做為共同主要研究人員進行「不良兒童期經驗」（Adverse Childhood Experiences, ACE）的研究，他認為壓力作用像是一劑毒藥，對於大腦如何發育及多重器官系統功能產生負面作用，研究觀察到最終會導致早死，在他們的研究中，研究人員追蹤一萬七千個成年人，收集他們於 1995 年至 1997 年間的健康行為及身體狀態數據，在 2006 年，他們繼續追蹤以探尋哪些人已經死亡，科學家發現報告在兒童期發生六項或更多不良事

件的人平均存活六十年，然而發生較少不良事件的人平均歲數為七十九年。安達表示：兒童期創傷存活者傾向採用許多危險因子而導致健康不良，他們抽煙更多、更可能酗酒、濫用非法藥物等……或體重過重或身體不活動，同時比起那些沒有不良兒童期經驗的人，他們可能在六十五歲死亡的機率有兩倍之多。

然而談到該研究傳達的訊息則十分重要（兒童期創傷具有既深且長的影響），至少有一位研究人員強調兒童期創傷無法預定生命後期產生的問題。美國普渡大學發育研究的助理教授裘迪絲・梅爾─渥斯（Judith Myers-Walls）表示，人的復原能力變化非常大，其差異性與性情、其他人對事件的反應及兒童與家庭可獲得之資源有關，某些兒童即使在大屠殺時經歷集中營生活，但是他們的心理與身體都很健康，但是其他研究人員強調人們對於年輕人的毅力設想太超過，人們從前認為兒童會藉因為年輕而復原，史丹佛大學「早期生命壓力研究計畫」（Early Life Stress Research Program）主任維克多・卡瑞恩（Victor G. Carrion）博士解釋說：其真實性卻無法經由事實更進一步證明，而人越年輕對於創傷作用越無法避免。

整體性的問題

由於此研究顯示在族群中有人早期死亡，醫生注意到過

去的研究已經顯示在兒童期的創傷會影響生命後期的肉體健康，安達表示兒童期壓力可導致身體產生更多「腎上腺素」（adrenaline）及皮質醇（cortisol），而腎上腺素是一種「神經傳導物」（neurotransmitter），會干擾大腦的生長，皮質醇是壓力賀爾蒙，如果分泌過量會引起其他問題，在高劑量下或如果重複產生，則有礙神經細胞生長，神經細胞的生長與其間的連接會或多或少被干擾，最終過量的腎上腺素及皮質醇會影響人們多年後身體如何感覺，而且已經懷疑會產生其他作用，此情況似乎影響至免疫功能，其他研究人員也證實了這些發現。

卡瑞恩解釋說：在生命早期之創傷壓力能阻礙感覺生理系統及神經網路的發育，由他們的研究知道早期生命壓力會改變賀爾蒙系統及大腦功能，在同時，單獨之心理作用就顯示經歷負面兒童期後，以後生命年限會縮短。美國凱斯西方儲備大學兒童及青春期精神病學系助理教授菲力普‧阿謬納泰貴（Felipe Amunategui）表示：創傷經驗的影響通常包括嚴重地無法控制情緒產生之功能，單單此現象即與人際間關係困難、學術成就低下及物質濫用的問題模式相關，而所有這些因子都個別與人的生命期減短有關，而將它們加在一起就會共謀如此嚴重地限制了生命期。

複雜因素

　　然而研究人員企圖限制其他混淆因子，至於兒童期創傷受害者其生命期縮短有多少是由創傷引起，或由其他因子造成目前還不清楚。美國蒙特費歐醫學中心小兒科助理教授拉希爾・布瑞格斯（Rahil Briggs）提出說明，當科學家考慮有關兒童期創傷時，重要的是考量產生這些種類困難經驗的環境類別，似乎在那些環境內存有一群其他危險因子，例如忽視或暴露於二手煙等，所有這些都也可能影響壽命減短。卡瑞恩指出，生活於兒童遭受創傷社區裡的兒童可能也經歷其他社會經濟不良情況，例如營養問題、缺乏小兒科醫生早期檢視及缺乏環境刺激，然而在具有高度兒童創傷的情況下，這些因子可能具有遺傳性。他提出許多美國 CDC 的研究中，大部分人都處於類似之健康照顧計畫下，這可能限制了那些變異情況，安達承認在研究中有這些侷限，可能具有許多不良兒童期經歷的人同樣有許多其他事件而科學家並未量測，同時兒童期創傷能導致決定貧乏之生命，因而由於兒童期的負面事件引起如此多之其他因子都會縮短生命期。

早期而有效地介入

　　安達表示遺憾的是，不良兒童期經驗研究並未包括介入方法來檢視可進行何事來降低兒童期創傷的衝擊，但是目前

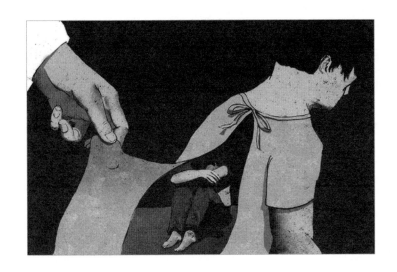

已經嘗試進行某些事務對兒童產生較佳結果，否則他們會被不良的家庭生活影響，一個例子是由護士進行家庭訪問計畫，與此家庭一起評估在家中某些問題的危險性，此等計畫已經見到兒童被虐待的危險減少，這是一種非常有效的方法，而科學家須要發現其他方式能廣泛應用至每一個家庭。布瑞吉斯提出介入行動會是一個關鍵步驟，但是預防工作甚至必須做得更多，早期介入極端重要，而且時常幫助改善創傷的影響，當研究人員能早期鑑定需要幫助的兒童並給予他們所需要的服務，等於給予他們最佳的復原機會，然而，預防工作甚至更重要，但即使進行介入行動，也可能會出現一段時間因危險因子太多而超過兒童復原的能力。然而，如梅爾－渥

斯所提示，創傷性兒童期的問題能被克服，她認為這十分重要，體認出發生在生命早期的事件很重要並且不應被忽視，但是同樣重要的是這些*趨勢*並無法預測個別案例。

兒童期壓力導致成年時不健康

　　心理學家提出警告：在生命早期的不幸及壓力會導致身體長期不健康及早死。

　　一系列研究建議由貧窮或虐待引起的兒童期壓力會導致心臟病、發炎症狀及加速細胞老化，美國心理學會會議有報告顯示早期經驗會對身體健康「形成長期陰影」，一位英國專家表示越來越多證據建議兒童期的壓力會對身體產生衝擊。

　　在一個研究中，美國匹茲堡大學的研究人員針對 200 位健康青少年，檢視其貧困生活與早期心臟病徵候間的關係，他們發現來自最差家庭情況的人具有較多動脈硬化及較高的血壓，研究的第二部分顯示來自較貧窮家庭的兒童更可能解釋一系列被社會嘲弄之情況如脅迫之發生，他們也具有較高之血壓及心跳速率，以及在三個實驗室壓力測驗中顯現敵意及憤怒的分數較高。此結果支持其他研究，顯示具有壓力的兒童期與未來產生心臟血管疾病間具有關連，研究主持人凱倫・馬修斯（Karen Mathews）教授如此解釋，她表示未預期及具壓力的環境導致兒童在感覺到威脅時成為「高度警覺者」（hyper vigilant），他們與其他人的交互作用就變成一種壓力來源，這能增加警覺、血壓、發炎程度及耗費身體儲存的能量，此情況提升了心臟血管疾病的危險。

虐待

在會議中提出的另一個研究顯示：在兒童期發生的某些事件，例如父母親死亡或虐待會使得人更容易受到晚期生命中壓力的影響，甚至縮短生命期。美國俄亥俄州立大學的研究人員檢視一群年齡較大的成年人，其中有些人是照顧癡呆症病患的人，他們量測血液中幾種發炎標記（這會是壓力的徵象），以及端粒（在染色體末端具保護性的蓋子，與產生年齡相關的疾病有關）的長度，這 132 位參與者也回答一份對於憂鬱症及過去兒童虐待及忽視的問卷。第三個研究報告在兒童期發生的某些肉體、情緒或性的虐待，那些在兒童期的確面臨不幸情況的人具有較短的端粒及發炎程度增加，甚至對照組對於年齡、照顧狀態、性別、身體質量指數、運動及睡眠的因子加以控制後結果也是如此。

研究主持人珍妮絲・凱寇特-葛拉塞（Janice Kiecolt-Glaser）教授表示：科學家最近的研究顯示兒童期的不幸對於個人健康加上了長長的陰影，同時比那些沒有經歷這些事件的人容易導致發炎情況及細胞老化要早得多，報告顯示有多重不幸情況的人會縮短他們的生命期 7 至 15 年。

英國倫敦精神病學研究所的臨床講師安德利亞・丹尼斯（Andrea Danese）表示，此等研究必須小心解釋，因為有可能人們並未正確回憶他們的兒童期，而只能顯示具有關連性

但並無法證明其因果關係，但是這並不表示他不相信這些結果，其實證據相當一致。原先兒童期壓力對於精神健康具有影響的情況已經成立，如今看起來似乎對肉體健康也有長期影響，他表示壓力引起發炎蛋白質增加會產生身體不良後果，而這的確是該研究所發現的事實。

兒童期創傷如何引起成年人肥胖

「凱薩醫療機構」（Kaiser Permanents）預防醫學科的創始人及肥胖治療計畫主任文生‧費里提（Vincent Felitti）博士得到某些不錯的治療成果，他的病人體重減少了 50 磅、80 磅、甚至幾百磅，如果不是下列事件發生，他可能認為該計畫已經成功，但是那些最肥胖及減少最多體重的參與者卻不斷退出該計畫，費里提感到挫折，為何此情況一直不變，是否這麼多病人離去只是因為他們達到健康體重的目標？例如，有一位中年女人伊菈（Ella）在 1980 年代中期參與計畫時體重為 295 磅，達到病態性肥胖的地步，經過六個月以上的時間調適後體重已經減輕了 150 磅，費里提卻表示說：她不但不快樂，反而突然產生焦慮並被驚嚇到。

他詢問伊菈為何如此？最終真相出現，她在小孩時被性侵（不論在家裡及家外），十五歲時就在母親的催促下結婚想試圖逃離，結果這是一場災難性的婚姻，她的丈夫瘋狂地愛妒忌，兩年後兩人分手離婚，她又再婚，新丈夫居然也喜歡吃醋，他認為當伊菈出門時會流連於洗衣店，同時擺出性感姿勢吸引鄰居。費里提終於學到：當伊菈體重過重時，她的丈夫比較不多疑，她卻害怕他發怒，或許她的丈夫會被她近來比較苗條的身材所觸怒？而這種情況可能刺激她產生焦慮感。

　　費里提感到奇怪是否有某些類似的事件阻礙了其他病人減輕體重的想法，或引起肥胖本身的發生，在 1980 年代後期，他開始有系統地研究 286 位肥胖者，並發現他們其中有 50% 在小孩時受到性虐待，此比例比女性報告的正常比例高過 50%，而且超過男性平均比例的三倍，確實，性虐待的平均比例本身就不確定：根據 2003 年美國南加州大學由約翰‧布里瑞（John Briere）與戴安娜‧伊里歐特（Diana Elliott）進行的大型研究顯示，有 14% 的男人及 32% 的女人表示他們在小孩時至少被性侵一次。

　　在最近幾年，費里提與其他人的研究已經大大證實性虐待（包括其他種類的兒童期創傷經驗）與飲食異常症或肥胖間具有關連性，有一個 2007 年對超過 11,000 位加州女人的研究發現，那些當小孩時期被虐待的女人與未經歷此虐待者比較，其中有 27% 更可能在成年時變得肥胖，在調整其他因子後，另一個 2009 年對超過一萬五千個青少年的研究發現，在兒童期受到性虐待會提升 66% 男性在成年期時變得肥胖的危險，該研究發現對女人沒有這種影響，但的確發現被性虐待的女孩發生較高飲食異常症的危險。

　　費里提與同事的發現也協助產生更多研究，將有關生命早期（甚至早在在子宮裡）的壓力經驗與影響生命後期的健康與行為關聯上，例如罹患心臟病的危險增加或對藥物變得

上癮等，科學家不斷發現此等作用不只是長期性，甚至在人們未來幾代間會一直傳衍下去。

例如加拿大馬基爾大學的神經科學家麥可・敏尼（Michael Meaney）與其同事以大鼠進行過幾十年的實驗，如今已經顯示此等環境誘發之特徵如何能往下傳衍，敏尼研究以不同方式照顧後代的大鼠，某些以自然養育方式（牠們不斷對新生大鼠舔允及梳毛），其他母鼠比較不留意甚至忽視後代〔將母鼠置於有壓力的環境下（像是隔離）則大大降低養育能力〕，研究人員發現這些行為特徵會往下傳衍至未來幾代動物：由忽視母鼠剛出生的大鼠受苦於有壓力的童年期而且長大後本身變成為產生忽視的母鼠，但是將由受到壓力或較不留意的母鼠剛出生的大鼠轉而讓會養育、有母愛的母鼠照顧後，則早期經驗改變了這些剛出生大鼠，牠們對於新的母鼠照顧態度能迅速適應，並且長大後對其自己的後代

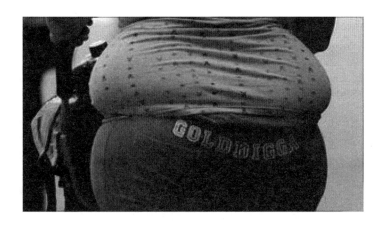

也傾向小心照顧，這些剛出生大鼠的適應性同樣會再傳遞給下一代動物。

當費里提於 1990 年在一場全國性肥胖會議中第一次提出凱薩醫療機構發現肥胖與兒童受侵犯有關的實驗數據時，大部分同事立即表示不同意（其中一人甚至宣稱這是肥胖者捏造出的故事來辯解他們「失敗的人生」），但是美國疾病控制與預防中心的流行病學家大衛・威廉森（David Williamson）是唯一的例外，他表示須要進行一個大型的流行病學研究來決定是否費里提的發現對於公共衛生有任何關聯。

費里提知道他握有正確的整套數據：凱薩醫療機構擁有已開發國家中最大的醫學評估設備，每年診斷大約 5 萬 8 千位病人，即使只有少數人同意討論他們的童年期並允許匿名使用他們的醫療記錄，這仍然會是巨大的樣品數，因而「不良兒童經驗」（Adverse Childhood Experiences, ACE）研究誕生，由費里提與另一位研究人員羅伯・安達（Robert Anda）博士合作進行。在過去幾十年，AEC 研究已經紀錄超過一萬七千位病人其負面兒童經驗的報告，不良經驗包括兒童持續受到忽視、與一位生物雙親共同生活（或自己單獨過日子）、罹患精神疾病、雙親被監禁或藥物上癮、目睹家庭暴力、以及被性、肉體或情緒虐待，研究人員然後得以尋找這些經驗與成年人健康及罹病危險間的相關性。

壞小孩造就出病大人

研究人員表示：兒童早期行為不良可能預測其未來成年時健康不佳。

英國有一個長期研究開始於 1961 年，追蹤倫敦市南區勞工階級 411 個男童，調查年輕男孩怠惰違法情況，即所謂「劍橋行為不良發展研究」（Cambridge Study in Delinquent Development, CSDD），由英國威爾斯卡地夫大學的約拿桑‧薛佛（Jonathan Shepherd）與其同事進行，發現年輕人的反社會行為與他們在四十八歲時產生死亡及失能的情況強烈有關，這種不平衡現象具有許多其他關連，而非只是反社會行為，事實上，研究人員感到驚訝：死亡與失能的增加並非限於已知與反社會生活型態有關之毒品濫用或其他精神健康問題，而同時包括早死及由多種慢性疾病引起之失能，例如心臟病、中風、呼吸性疾病及癌症，科學家在2009年12月號《公共衛生》（the Journal of Public Health）期刊上如此報告，

原始研究對象包括在研究辦公室一英里半徑內六間小學所有年齡八歲或九歲的男童，目前研究有 365 位原始參與者都經過訪談，當學童長大至年齡四十八歲時，總共有 17 位男人死亡，在365人之中，科學家發現其中17人被登錄為失能，

因此有 34 位參與者在四十八歲時不是死亡就是失能。研究人員報告：17 位死亡者中，13 人曾經被判定為有罪，3 人死於意外（其中 1 人醉酒死亡），2 人死於癌症，2 人死於未知原因，而每一個人都罹患腦出血、中風、支氣管肺炎、運動神經元疾病、藥物過量及經歷自殺，未被判罪的 4 人中有 1 人死於一場工業傷害、1 人死於腦溢血、1 人死於心肌梗塞以及 1 人死於自殺，失能的原因同樣分歧：2 人因受到傷害變成失能，15 人是生病造成，包括七種心理或神經性疾病。

　　進一步分析顯現有六種因子與死亡或失能的危險增加有關，特定如下：

一、 三十二歲時自行報告怠惰、行為不良。

二、 十歲時產生任何反社會行為。

三、 十歲與四十歲間因任何原因被判定有罪。

四、 十歲時雙親發生的任何危險因子（例如被判定犯罪）。

五、 十歲與十八歲間被判定有罪。

六、 十八歲時任性衝動。

　　研究人員報告，根據統計分析依據其中三個因子（包括第一、第二及第四項）就能夠鑑定哪一個參與者情況最危險。

　　科學家在一篇申明稿中敘述：他們對此等早期影響及早死間的強烈關聯感到驚奇，而此情況指出八歲至十歲間的兒童發生於家庭內的事件是朝向發展至早死原因的一部分。但是此研究有其侷限性，因為結果係依賴倫敦單一地區白人同質性族群的數據得來，對其他族群可能無法一概而論，其他可能的侷限包括研究過程中重複訪談可能混淆結果，訪談次數不多可能影響回憶，同時經歷一段時間後缺乏有關社會經濟狀態變化的資訊，研究人員也警告該研究對於不良行為與不良健康結果間的關連性極少提供原因說明。

兒童期壓力會縮短端粒長度

孤兒的染色體產生改變會影響未來健康。

對羅馬尼亞孤兒院兒童的一個長期研究建議：兒童期壓力的影響可在他們長大後的 DNA 上見到。根據發表於 2011 年 5 月 17 日《分子精神病學期刊》（*Molecular Psychiatry*）上一個研究發現：早年在國立羅馬尼亞孤兒院度過多年時間的兒童，比成長於領養照料情況下的兒童具有較短的「端粒」（telomeres），端粒是位於染色體頂端非編碼 DNA 的緩衝區，可預防細胞分裂時預定製造蛋白質之 DNA 損失，在細胞分裂期間每一次染色體複製時端粒就縮短一些，但是壓力也能引起端粒變短，較短之端粒與許多成年人疾病有關，由糖尿病至癡呆症。

該研究是「布加勒斯特早期介入計畫」（Bucharest Early Intervention Project）之一部分，這是美國研究人員於 2000 年開始進行的一個計畫，他們針對在一間孤兒院內有壓力的環境下生長及發育的羅馬尼亞兒童健康與那些在收養家庭的兒童間作比較，在後者兒童接受更多個別注意而且有較佳品質的照顧。當研究開始時，國立孤兒院在羅馬尼亞仍然十分普遍，而特別為此計畫建立一個領養照顧系統，該研究集中

於 136 位年齡介於六至十三個月大的院內孤兒，他們一半被隨機指定交給寄養家庭收養，另一半則仍然留在孤兒院裡。當孤兒六歲至十歲大時，研究人員取得他們的 DNA 檢體，並量測端粒的長度，結果發現在早期兒童期留在孤兒院生活的時間越長（在四歲半前），他們的端粒就越短，研究領導作者之一的美國土蘭大學臨床精神病學家史塔西·德魯瑞（Stacy Drury）表示：這顯示孤兒院照顧對兒童的影響直接下達分子層次。

新生領域

其他研究已經發現經歷過心理壓力的成年人具有短的端粒，但是對兒童端粒生物學仍然是個嶄新的領域，德魯瑞與她研究小組對於非機構養育的兒童端粒仍然無法做出任何比較結果，美國哈佛大學醫學院及兒童醫院小兒科醫生及資深研究作者查理士·尼爾森（Charles Nelson）如此解釋：因為科學家仍然沒有年輕兒童端粒長度的標準模式。德魯瑞、尼爾森與他們的同事目前正量測在早期兒童期經歷較少壓力兒童的端粒長度。

該研究小組表示：如果一個兒童由機構照顧轉移至家庭環境時，他們健康的許多方面能改善，但是此情況會不會延伸至兒童再度生長及加長他們的端粒呢？雖然端粒通常因年

齡而變短，但是會經由一種稱為「端粒酶」（telomerase）的
酵素作用而加長。芬蘭赫爾辛基大學分子神經學研究計畫的
愛伊瑞絲‧賀瓦塔（Iiris Hovatta）（她並未參與羅馬尼亞的
研究），認為縮短的端粒可能並非永久性，她表示：對成年
人的研究已經顯示，某些人端粒的長度會因時間而增長，而
這種趨勢發生在剛開始時端粒就較短的那些人身上。

端粒與健康

科學家可能很快就會得知結果，因為德魯瑞與其同事
在 2011 年 5 月得到美國國家衛生研究院的經費支持，進行
羅馬尼亞兒童當他們長大到十二歲時的後續研究，這可能
會是孤兒院環境導致「漸成基因程式化作用」（epigenetic
programming）的影響，指化學物質而非序列改變了 DNA，
科學家表示此
情況引起兒童
端粒比正常速
率更快地持續
縮短，或相反
地他們的端粒
可能甚至再度
加長。

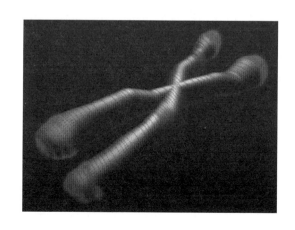

後續研究也可能協助回答是否較短之端粒是不良健康的原因還是形成的問題，研究人員持有多種年齡層兒童其認知及身體健康的紀錄，並正進行分析是否兩組兒童在精神發育及身體健康上有所不同，他們很快地就能對十二歲大的兒童比較這些病例與端粒長度間的關係。德魯瑞說明壓力很難界定，這些數據可能對我們顯示是否端粒長度能被利用作為所有那些我們稱為不良經驗累積因子的基礎生物學標記。

大災難引起兒童創傷

　　一般人長久以來就認為經歷創傷事件後小孩比成年人存活情況要佳，因為他們受苦較少，並且由於年齡太小而不完全了解在周遭發生事情的本質，例如戰爭或自然災害，他們的恢復能力一定會強得多。但是新研究對於經歷「卡翠納颶風」（Hurricane Katrina）風災及見證九一一恐怖攻擊後的兒童則認為不是這回事，紐約大學兒童心理學家克勞帝・錢特（Claude Chemtob），在發表於 2010 年 7 月及 8 月《兒童發育》（*Child Development*）期刊一個特殊章節內的論文則不認為如此：有愈來愈多證據證明，如果兒童直接暴露並見到某些事件像是飛機衝入世界貿易雙塔後，他們的確知道發生何事，他是幾篇研究兒童及災難新論文的第一作者。將所有結果合起來檢視，這些新研究顯示兒童及青少年不只呈現與成年人相似的創傷後壓力及憂鬱症狀，而且他們對於創傷可能反應更強烈，因為成年人就是如此，同時也顯示比起男孩及年齡較大的小孩，年齡較的小孩及女孩更可能發作「創傷後壓力症候群」（post traumatic stress disorder, PTSD）的症狀。

　　在最先兩個研究中，研究人員分析九一一攻擊事件對於兒童及其父母親的長期影響，在錢特主持的一個分析計畫中，

研究人員追蹤紐約市下曼哈坦地區 116 個直接暴露於世界貿易中心的攻擊下的學前兒童及他們的母親，在接近九一一事件三年後與母親及兒童學前老師進行訪談。錢特發現，與母親並未報告顯示創傷後壓力症候群或憂鬱症狀的兒童比較，那些母親受到影響的兒童出現三倍更可能產生情緒反應（緊黏身邊並迅速變得煩燥），以及在創傷事件發生三年後出現七倍更可能呈現侵略行為，錢特如此解釋說：兒童與母親非常一致，因為母親傳送給他們的小孩有關何者安全及何者不安全的提示，如果母親較少關心而且更專注於生命之恐懼層面，她就對小孩沒有幫助。相反地，第二個研究對於九一一事件調查超過四百個兒童（年齡介於十二歲至二十歲間）及他們的母親，發現那些直接暴露於攻擊的兒童（例如見證飛機擊中高樓）比未直接經歷創傷的兒童，只有些微更可能受苦於創傷後壓力症候群，但是顯著地更容易產生憂鬱症，在攻擊事件後十五個月，這些兒童只有 4% 罹患創傷後壓力症候群，但有 12% 產生憂鬱症。

值得注意的是，由德州大學兒童發育研究人員伊莉莎白・葛秀夫（Elizabeth Gershoff）主持該研究，反映出與 2008 年錢特進行的研究發現相同，其中包括他目前論文中相同群組的兒童，在 2008 年的研究，他也發現直接暴露於九一一事件的兒童（如見到死亡或受傷的人，眼看人們由大

樓跳出或見證大樓崩塌），比那些沒有直接暴露者是三倍更可能發生憂鬱或焦慮，錢特表示：我們傾向於說年幼兒童不須要協助，但是實際上他們非常容易受到傷害。

錢特與葛秀夫的結論被兩個研究進一步支持，發表於2010 年 7 月的《兒童發育》期刊，研究存活於卡翠納颶風後的兒童，在第一篇研究中，美國路易斯安納州立大學研究團隊訪談聖伯納巴許地方三百八十七個公立學校學童，這是受到卡翠納破壞最嚴重區域之一，結果發現年幼兒童比青春期少年受到更深重影響，在颶風肆虐三年後，年齡介於九歲至十一歲間的兒童比年齡介於十五歲至十八歲間的青春期少年，是四倍更可能顯示創傷後壓力症候群。然而該研究報告，在研究樣本間的行為問題經過一段時間後會減少，幾乎一半兒童沒有顯示長期壓力徵候，超過 25% 較年幼兒童仍然呈現顯著之創傷後壓力症候群及憂鬱症的症狀，例如感覺悲傷或神經質並且難以入眠或集中精神。可能年齡較大兒童獲得較多情緒資源協助，這使得他們較容易復原，聖路易州立大學兒童心理學家及共同研究人員喬伊‧歐守夫斯基（Joy Osofsky） 如此解釋，然而較年幼兒童更依賴他們的照顧者，而青春期少年則能轉向他們的朋有或社區中的其他人求援，的確，卡翠納風災後受到最佳照顧的兒童是那些他們的學校快速重建及同時在家中及學校裡具有支持關係者。

　　且不論年齡，在大災難後任何年齡的女孩比男孩具有兩倍的適應問題，這是歐守夫斯基目前之研究及過去幾個研究報告出現的一種影響，有一個解釋認為，在兒童發育期刊第二篇研究提出，女孩比男孩可能單純地更容易表現出她們對壓力的感覺，即使男孩具有相同情緒，在研究中，分析六十二個年齡介於十二歲及十九歲間男孩及女孩唾液檢體，他們在颶風後曾經分配至集中處，研究人員發現在不同性別間唾液內「皮質醇」（cortisol）的含量沒有顯著差異，這是一種與壓力有關的賀爾蒙。美國新墨西哥大學心理學家及研究第一位作者雅各・威吉爾（Jacob Vigil）提出假設，男孩與女孩對創傷反應方式之差異可能由於社會制約大於真實心理作用造成，但也可能類似等量壓力賀爾蒙影響男性及女性不同。

　　過去的研究已經顯示：創傷後壓力症候群更可能在男孩顯現專心及行為問題，然而女孩傾向呈現情緒反應像是罪惡及焦慮，葛守夫表示：女孩趨向將問題內心化，然而男孩更可能發作出來。其他異常疾病之共同症狀可能包括作惡夢、有關過去創傷的思想混亂、避免提及事件及持續擔心有關更糟糕的事會發生。然而在威吉爾研究中男孩與女孩體內皮質醇的量沒有顯著差異，他的確注意到生活於分配處所受到創傷兒童組群其皮質醇的量平均要低於對照組兒童，此情況建議卡翠納存活者生活於持續壓力下已經如此長的時間，他們

變得幾乎對其影響習慣了。他們變得對於比較小型、每日的壓力源較少反應，威吉爾解釋說：「這像是橡皮筋被拉得太長，對壓力沒有反應的人似乎在他們的生活中具有更多壓力。」低量的皮質醇已經發現與成年人的憂鬱症有關，然而憂鬱症與創傷後壓力症候群是不同的疾病，他們分享許多共同症狀，例如睡眠困難及注意力集中問題。

提倡保護兒童的人認為，盡量減少兒童罹患長期創傷後壓力症候群的一種方式，是提供他們等量的心理支持，此行動原本例行性地給予給成年人，葛守夫認為這十分重要，因為兒童在災難發生後已經馬上接受精神健康照顧服務，我們不能只是假設兒童可以克服此種問題，他們須要某些人協助來對付此情況，特別是當他們的父母親無法做到時。

經歷大飢荒大腦老得快

研究人員表示：第二次世界大戰食物短缺期間仍然在子宮裡發育的人，在幾乎六十年後進行精神測驗，結果其成績比其他相似年齡者要差得多。

科學家在國家科學院期刊上寫道：1944 年發生於荷蘭的「大飢荒」（famine）可能加速大腦老化，他們研究近乎 300 位成年人，這些人在那時是胎兒，英國專家表示即使今日之嚴重孕婦「晨吐」（morning sickness）也不太可能引起類似之營養不良程度。

所謂「飢餓冬季」（Hongerwinter）是指長達六個月期間，運送食物給北荷蘭人的行動受到德國佔領軍隊的限制，此情況爆發一場「人道主義災難」（humanitarian disaster），在 1945 年 4 月時，估計有二萬人由於營養不良造成死亡，許多懷孕的母親一天只靠 400~800 卡路里的熱量生活，然而，此種短期飢荒打擊從前營養情況合理良好族群的事實，允許後來的科學家有近乎獨特的機會來研究：「營養不良對於大約那時受孕兒童所產生的影響。」在此案例，一群大約 300 位成年人在他們五十歲後期接受精神測驗（所有人的母親都曾經在懷孕三個月或六個月期間遭受大飢荒），此結果與那些年齡相似的正常人比較。

有效率的寄生蟲

這是這群人測試過的第二次測驗，在 1970 年代的測驗已經顯示他們在工作效能上沒有不同，然而，在第二次測驗顯示，他們在「選擇性注意力試驗」（selective attention test）的結果非常差，選擇性注意力試驗是量測大腦如何處理「競爭性精神混亂」（competing distractions），一個典型例子是出示彩色文字的序列，以不同顏色的墨水列印，詢問測試者每一個字的顏色名稱。在出生時沒有問題卻顯示一個潛在問題，即作為組群，他們平均出生體重與其母親並未經歷大飢荒的嬰兒類似，但在此種試驗中工作效能較差通常與年齡較大有關，而荷蘭大學及美國密西根卡文學院的科學家建議第二次結果可能表示在研究群組中的人其大腦實際上已經開始更快速地老化，這是由於在子宮裡營養不良的結果。

英國雪菲爾大學產科醫生羅伯‧佛瑞塞（Dr Robert Fraser）對於懷孕時期之營養狀況感到興趣，表示雖然該結果十分有趣，但是不應用來警告現代的母親，他解釋說：「嬰兒實在是一個相當有效率的寄生蟲，懷孕女人會由於貧血症而接近死亡，但是生產的嬰兒在血裡卻具有正常合理的含鐵量，他說荷蘭大飢荒的嚴重性表示類似問題對於英國女人非常不可能發生，這是一個醜陋、恐怖的時光，人們以湯匙刮取食物容器的蓋子，他們是如此絕望。

脫水

　　現在還不知道近代女人在第一次及甚至第二次三個月的懷孕期間營養不良的影響，最為已知的原因為極端晨吐，然而，英國飲食協會飲食學家及發言人菲歐娜‧福特（Fiona Ford）表示：「營養不良會是十分糟糕，食物攝取量不可置信地低，有證據證明身體能適應這些環境來保護嬰兒，如果那些女人吃了兩次，或甚至三或四次，她們更可能引起她們的嬰兒產生問題。她表示：做為一種指引，女人在懷孕時損失 10% 的體重或變得脫水時就必須諮詢她們的助產士或產科醫生。

兒童期貧窮影響成年基因

一個劃時代的研究顯示：在生命早期時基因會以非常不同的方式被重新設定，根據兒童是否生長於富裕階級或資源被剝奪的家庭而定。

雖然在富裕與貧窮家庭的兒童具有非常類似的基因結構，但家庭逆境的尺度會指示那些基因的結合經由一種稱為「漸成基因作用」（epigenesis）的過程被開啟或關閉，假設能增加最大的存活機會。英國布里斯托大學馬可仕・潘布雷（Marcus Pembrey）解釋：這些情況可能是保護反應，其結果是讓兒童通過受到威脅的童年而存活，當他在倫敦大學學院兒童健康研究所工作時是該論文的共同作者。

基因活化可能是某種懲罰，使得窮人更容易罹患心臟病、糖尿病，癌症及其他疾病，這可解釋為何比較貧窮的人時常具有較短的生命期，漸成基因改變最近也與某些精神疾病相關連，包括精神分裂症及兩極性憂鬱症。

有無之間

潘布雷與其同事由一群出生於 1958 年的三千人中選擇四十個男人，一半人出生於富裕家庭而另一半人出生於貧窮

家庭，潘布雷表示：選擇對象係依據社會經濟狀況由最頂端及最底端百分之二十個別挑出，因此保證我們具有兩種極端的對象。

當這些男人四十五歲時，該研究小組採取他們的血液檢體，並篩檢他們的 DNA 有無任何漸成基因改變，他們尋找讓個別基因靜默或活化的化學標記，被甲基化的基因（在某個階段添加額外甲基群的基因）趨向關閉，然而去甲基化的基因（失去甲基群）被活化，焦點集中於稱為「促進子區」（promoter regions）的 DNA 段落，它們將基因開啟或關閉，該研究小組檢查整個基因組超過 2 萬個位置，他們發現男人在兒童期時家庭的富裕與貧窮會改變模式。

在幾乎有三分之一的位置，兩組之間的模式不一樣，大部分差異十分顯著，如果男人來自貧窮家庭，在 1,252 個位置甲基化作用的程度有巨大不同，但是在來自富裕家庭的男人中只有 545 個位置有差異，潘布雷說明：此情況告訴我們在成人 DNA 其漸成基因改變大部分源自早期的生命經驗。

不確定的年齡

因為樣品取自中年期，研究人員無法訴說真正在何時漸成基因的甲基群被添加或去除，潘布雷敘述：我們無法說明基因是否在嬰兒期、兒童期、胎兒期或甚至在前一世代被改變，但是當甲基群被加入時，它們會存活至中年期。

下一步，潘布雷與其同事研究希望由兒童已經儲存之血液找出這些改變發生於何時，這些兒童參與「愛汶雙親與兒童縱長研究」（the Avon Longitudinal Study of Parents and Children），此計畫由出生開始追蹤出生於英國布里斯托地區的一萬四千名兒童；如今大部分年齡約二十歲，每隔幾年就抽取一次血液檢體（包括臍帶血）檢驗，潘布雷表示：我們可見到是否漸成基因模式由臍帶血開始就是一致的，或由環境挑出有關訊息並在青春期時予以重新設定。

許多受影響的基因，例如一群稱為「MAP 激酶」（MAP kinases）的基因，其功能與細胞接受的信息有關，更加漸成基因改變傾向於固定群聚而非隨機個別改變，建議整個基因網路係同時讓漸成基因靜默或活化，它們像是巨大的協同開關，潘布雷形容這就如同整個基因組在翻動，他猜測基因網路藉這些過程被開啟或關閉，然後永久包埋於基因組當中，此情況可能引起種種改變，讓其對外界訊息盲目，或使他們對訊息更敏感，此等改變可使人們對受威脅的情況異常敏感，如果他們在兒童期規律地遭遇此等情況時就十分有用。

向下傳衍至後幾代

瑞士蘇黎世大學的伊莎貝爾・曼殊（Isabelle Mansuy）指出：該論文加強了以下想法，即在生命早期的環境條件會持

續改變漸成基因組並可能影響健康，但是不能排除出生前情況可能也扮演某種角色，2010 年時，曼殊領導一個具地標性的研究，顯示當小鼠在幼鼠期刻意受到壓力後，漸成基因改變可向下傳衍到後代至少兩代。

兒童受虐改變「壓力基因」

加拿大的一個研究認為：兒童早期受到虐待會永久改變大腦如何針對壓力起反應的方式。

在《自然神經科學》（*Nature Neuroscience*）期刊上，科學家發表研究支持壓力對大腦早期發育產生衝擊的理論，他們由自殺的成年人分析其大腦組織發現，那些在兒童時期遭受虐待的人其關鍵性基因產生改變，此情況影響一種已知與壓力反應有關的受體製造，以前的研究已經顯現兒童期受到虐待與對壓力環境的反應增加有關，但是對於真正環境因子如何與基因交互作用並形成在成年期發生憂鬱症或其他精神異常症狀並未完全了解。加拿大馬基爾大學的一個研究小組檢視十二位具有兒童受虐歷史的自殺者與十二位在小時未受到虐待的自殺者他們大腦裡一個特殊部位製造「糖皮質素受體」（glucocorticoid receptor）的基因，這是一種協助控制壓力反應的蛋白質，科學家發現那些在兒童時期受到虐待的自殺者產生化學變化降低了基因活性，而此活性之降低導致糖皮質素受體的數量減少，最後這些作用對壓力造成異常升高的反應。

長期作用

此情況建議在兒童期大腦正在發育時的經驗，會使人對壓力情況如何反應產生一種長期影響，但是研究主導人麥可・敏尼（Michael Meaney）教授表示，他們相信這些生物化學作用也可能發生於生命後期，如果你是一位公共衛生官員或兒童心理學專家，你會說此情況是已經知道的事，但是除非顯示出其生物學過程，許多在政府工作的官員及制定政策者都不情願相信這是真的，除此之外，有人可能詢問是否有藥物可以反轉這些影響，沒錯，是有可能。英國倫敦大學國王學院精神病學研究所的約拿桑・米爾（Jonathan Mill）博士解釋：該研究添加了逐漸增多的證據，說明環境因子能改變基因的表現，這是一種稱為「漸成基因作用」（epigenetics）的過程，然而這些結果顯然須要複試，科學家提出一種機制，藉其在生命早期的經驗對於成年後期的行為產生影響，令人興奮的是漸成基因作用產生的改變可能可以反轉，因而或許是未來治療精神疾病之某種目標。

大屠殺的基因疤痕——兒童也受害

有一個研究發現嚴重創傷〈像是集體大屠殺〉會引起受害者基因改變，而且會傳衍給後代小孩。

大屠殺（Holocaust）是一種似乎從未能擺脫的犯罪行為，即使每年存活者的人數越來越少，這種在歷史上黑暗推移的衝擊持續被感覺，而不只是受害者受到影響；他們的小孩也是如此。心理學家長久以來對於所謂第二代大屠殺存活者的情緒表現感到好奇，父母親曾經生活於集中營會被他們所見證之恐懼永遠改變，在二十一世紀，他們許多人（可能大部分人）會被認為罹患「創傷後壓力症候群」（post traumatic stress disorder, PTSD） 而受苦，回到那時代，由於缺乏此種診斷也表示缺少有效治療方法，結果，一整代的小孩生長在那種家庭裡，父母親其中一人（有時兩人皆是）與未被告知之情緒惡魔作戰，而同時又要嘗試進行養育快樂小孩這種困難的事，因此不令人驚奇，他們不總是全然成功。

經過幾年時間，大量工作已經針對第二代存活者之創傷後壓力症候群症狀進行研究，同時已經在他們的行為及甚至他們的血液內發現疾病徵候，例如存有較大量的壓力賀爾蒙「皮質醇」（cortisol），假設這些症狀主要由學習得來

（完全合理），小孩與父母親在一起成長，而父母親受到典型創傷後壓力症候群的症狀如情緒變化擺盪、暴躁、神經質、過度警覺所折磨，而小孩則容易產生壓力以及自覺高度緊張。如今有一篇新論文其結果對科學加入另一個廣度，建議這不只是第二代的情緒表現會被父母親的創傷所影響；甚至也可能包括他們的基因，該研究發表於《生物精神病學》（Biological Psychiatry）期刊，由瑞士蘇黎世大學神經生物學家伊莎貝拉‧曼殊（Isabelle Mansuy）領導的研究小組進行，她與同事開始探索比一般基因學更深入的議題，集中於「漸成基因作用」（epigenetics）：基因如何以多種方式經由環境因子而改變，並可傳衍至第二代。

　　為進行他們的研究，曼殊的研究小組由出生時就開始養育雄性小鼠，而未預期地將牠們與母鼠分開，由年齡1天直到十四天大，然後這些動物繼續被養育、餵食及正常照顧，但是早期創傷已經造成。當這些小鼠成年時，動物呈現類似創傷後壓力症候群的症狀，例如自我隔離及跳動不安，更顯著的是，牠們的基因與其他小鼠功能不同，研究人員檢視5個與行為有關的基因目標，最令人注目的是，其中一個基因協助管制壓力賀爾蒙CRF，而另一個基因管制神經傳導物「血清素」（serotonin），並發現所有這些基因不是過度反應就是反應不足。研究目的為這些小鼠是相當於第一代的大屠殺

存活者，然後將來作為父親繼續生育年輕後代，像是大部分的雄性小鼠，並不參與養育工作，剛出生小鼠由沒有創傷及分離經驗的母鼠養育，但牠們的父親曾經受創傷之苦，而當牠們成大時，不只仍然表現出相同的焦慮行為，而且也具有相同基因改變的標記。

曼殊表示，研究人員同時在後代小鼠的大腦及生殖細胞（或精子）中見到父親身上的基因差異。小鼠研究，由其定義而言，是受到限制，特別當動物被使用作為不僅代表人類生物學而且也代表人類行為時，在此案例，非人類模式仍然實際上具有一個優點，由於科學家難以運作一項大屠殺第二代存活者與其父親分離的對照實驗，以保證研究的是遺傳而非後天獲得之特徵，更加曼蘇解釋：由於使用動物，所以科學家才能能詳細地研究大腦。這並不表示尋找類似發現的某些研究不能在人體進行，由自願者直接分析血液、血漿及精子可顯示出基因改變之徵象與在小鼠所見類似，而且更深入分析小鼠基因一定會產生可在人體研究的其他標的基因，曼蘇表示如今研究人員正進行一項對於幾百個基因的高產量研究，超過最先的五個基因。

大屠殺很少是能型塑行為與基因的唯一生命危機，阿富汗、伊拉克或達爾富（Darfur）（或甚至那些生長於不穩定或產生虐待家庭的人）都會呈現類似改變，但是大屠殺存活

者仍然是目前可得最佳研究組群之一，因為他們的創傷是如此巨大、他們的族群是如此知名、而且他們如此多人已經生出小孩，孫兒及甚至曾孫，啊！人類可能從未缺乏彼此間行為野蠻對待的手段，但是當我們對於犧牲者（以及他們的小孩）所付出的代價了解越多，我們越有可能治療他們的創傷。

兒童受虐憂鬱倍增

科學家表示：兒童期受到虐待後發展出多重及長期憂鬱症的危險會增加一倍。

有一篇回顧性論文最近發表於美國精神病期刊，總共回顧了十六個研究，病人總數超過二萬三千人，他們發現兒童期受到虐待（例如被母親排斥、嚴厲的肉體對待或性虐待）後，發作長期憂鬱症的危險超過正常人兩倍，同時也表示這些病人較不可能對治療方法起反應，研究人員之一，魯道夫·烏爾 (Rudolf Uher) 博士說明：如果這些情況發生在生命早期，此影響會更強大。

在英國，有16%的人在三十三歲時發作「持續性憂鬱症」（persistent depression），他們中有四分之一（或全英國人口之4%）同時受到虐待，研究人員表示，在英國將近二十個人中有一人由於兒童期受到虐待的結果而產生此種憂鬱症，某種憂鬱症會在他們生命期的某一時間點影響五分之一的人，英國倫敦國王學院精神疾病研究所的研究人員正調查憂鬱症反覆發作的情況，精神健康慈善機構 Sane 認為該研究強調了兒童期創傷會造成多大傷害。

虐待與憂鬱症

在此研究中呈現數據如下：

· 64% 的人未受到虐待；這些人中有 12.5% 發作持續性憂鬱症。

· 27% 的人「可能」受到虐待；他們之間有 19.4% 發作持續性憂鬱症。

· 9% 的人「確定」受到虐待；其中 31.5% 發作持續性憂鬱症。

該報告建議：早期預防及治療的介入方法可能會更有療效。

另一個對 3,098 個人的回顧論文則顯示，兒童期虐待也與對藥物及心理治療法之不良反應有關，主持研究人員安德瑞亞・丹尼西（Andrea Danese）博士解釋說：即使對於結合性療法，如果病人有兒童期被虐待的歷史，則無法獲得適當之醫療照顧。

長期影響

目前對於虐待、兒童期身體變化及二十年後發生持續性憂鬱症間的任何關聯性沒有精確解釋，兒童期受到虐待，被認為會引起大腦、免疫系統及某些賀爾蒙的改變，這類生理系統仍然存在於成人體內，有一個可能的機制已知為對 DNA 產生「漸成基因改變」（epigenetic changes），然而在遺傳

密碼上並未發生變化，因此認為環境會改變基因表現的方式。

Sane 的持行長馬爾約瑞·華里士（Marjorie Wallace）表示：這似乎十分明顯，創傷事件在我們的生命中會使我們感到憂鬱，但是此研究卻強調了在兒童時期經歷此等創傷會如何造成特殊傷害，在那時我們的大腦仍然在發育中。我們必須關心虐待及忽視的行為如何會持續一輩子地產生痛苦的遺緒，增加我們經歷重複性憂鬱症的機率並減少那些我們現有治療方法的效果，然而我們不要失去希望，例如此研究就指出較佳治療及預防的方法。

虐待與自殺

兒童時期受到各種虐待（如肉體虐待、性虐待及情緒虐待）會造成長大成年後產生精神異常症狀，而且大腦內海馬體積可能萎縮，海馬與記憶及情緒有關。最近加拿大馬基爾大學摩西·史濟夫（Moshe Szyf）的研究小組在《自然神經科學》（*Nature Neuroscience*）期刊上發表一篇論文，他們解剖自殺者屍體的研究指出：早期兒童受虐可能永久改變大腦中基因的表現方式。

如今已經非常清楚，人類不只是遺傳到基因，而且基因本身如何開啟及關閉更影響發育，大部分這種基因開關的控制作用在人出生之前皆已消失，但是某些基因在生命早期就已經設定，並且在人類整個生命過程中低調地產生作用。科學家也發現當「甲基群」（methyl groups）加入我們的基因時基因會被關閉，而飲食、壓力及甚至母親的照料都能影響這些「『漸成基因』改變」（'epigenetic' changes）。

在 2004 年，史濟夫的研究小組指出，剛出生的大鼠被其母鼠忽視後，與照顧良好的大鼠相比，具有不同的甲基化作用及不同的壓力反應，但是如果加以小心照料，此情況可以反轉，那麼人類幼兒期所受到的早期照料是否也影響甲基化作用程度？

　　科學家已知相當比例的自殺者在其生命早期受到虐待或忽視，因此他的研究小組開始檢視 13 位自殺者的大腦（他們具有早期被忽視或被虐待的歷史），並與對照組包括 11 位年齡及性別吻合的人比較（他們正常成長但是死於突發的意外）。科學家檢視屍體大腦中海馬控制製造蛋白質的基因，結果發現在自殺的人當中，這些基因有高得多的比例被關閉，因此認為自殺者的海馬的確較不活躍，此現象提出一個問題，即是否漸成基因作用影響了自殺之危險。

　　史濟夫認為甲基化作用經過改變是兒童受虐待的結果，而並非造成自殺行為，如今由於研究顯示有些自殺的人並未被虐待可證實此點。科學家最感興趣的是：可否設計出一種調整方式恢復這些漸成基因改變的結果，譬如以飲食、社會或藥理等各種因子來反轉此情況，其他科學家都認為該研究十分重要，可研發新的診斷及治療方法，同時預言會出現許多異質性的自殺者。

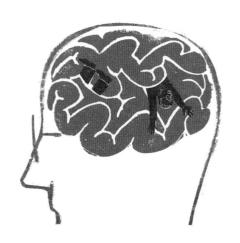

2.

父母親的行為影響兒童健康

母親的飲食讓兒童肥胖

根據研究人員報告：母親在懷孕時會改變她小孩的 DNA 並增加出生後肥胖的危險。

2011 年，英國南漢普敦大學凱斯‧高德佛瑞（Keith Godfrey）教授主持一個國際性研究，其結果發表於《糖尿病》（*Diabetes*）期刊，他們讓懷孕母親吃入大量富含碳水化合物的飲食（例如糖類），發現出生的小孩在六至九年後要比正常小孩胖了四分之一。研究人員由嬰兒臍帶血抽取檢體尋找一種「漸成基因標記」（epigenetic markers），顯示母親吃入富含糖類飲食會生出攜帶這些標記的小孩，而且這些小孩年齡在六歲及九歲時的肥胖情況與體內攜帶相同標記有強力關連，顯示吃進大量碳水化合物會改變 DNA 片段。

過去對動物的研究已經顯示飲食的改變會更動基因的功能，此情況稱為「漸成基因改變」（epigenetic change），科學家認為發育中的嬰兒會嘗試預測其將出生的環境變化，而由母親處獲得線索並調整其本身的 DNA，此研究注意到有一個 RXRA 基因發生改變，此基因係製造維他命 A 的受體，包含於細胞處理脂肪的過程中。葛德教授認為這偏研究既有趣又十分重要，並且是一個正在成長的研究領域，嘗試瞭解環

境如何與基因交互作用。

英國心臟協會表示該研究結果突顯出：懷孕女人需要較佳營養及良好的生活型態支持，所有女人在懷孕時都得到飲食指導，但並非總是健康專家的優先考量，因此研究建議懷孕女人必須遵循正常飲食的指導，因為可能會對出生後嬰兒的健康具有長期影響。其他科學家表示此研究提出有關漸成基因改變的堅實證據（至少一部分是如此），可以解釋貧乏之生命開始與往後疾病危險間之關連，因此在所有女人的生殖期間必須提供她們最大程度之營養、教育及生活型態的支持以改善下一代的健康，如此方可並降低疾病的危險，例如糖尿病及心臟病，而這些情況時常在肥胖後發生。

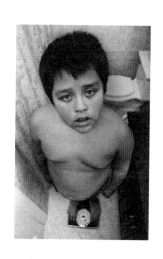

母鼠的飲食改變小鼠毛色

母親在懷孕時所吃的食物對她們小孩的基因會產生根本及一輩子的影響，以小鼠所進行的有趣研究如此建議。

研究人員發現他們餵食懷孕母鼠不同量的四種尋常營養物質後能改變剛出生小鼠的毛色，這些情況改變了剛出生小鼠的細胞如何讀取牠們基因的方式，結果比起基因完全相同而其母鼠沒有接受添加物的剛出生小鼠，前者小鼠也較無肥胖及罹患糖尿病的傾向。該研究建立出目前為止在飲食與某種奇妙的遺傳形式間最緊密的關聯性，已知為「漸成基因作用」（epigenetics），不像突變會改變基因的 DNA 序列，漸成基因因子能改變基因如何被使用，而維持 DNA 序列未被更動。

該小鼠研究是由美國杜克大學醫學中心的倫帝·傑特（Randy Jirtle）與其同事羅伯·瓦特藍德（Robert Waterland）進行，傑特表示該研究不同於有關食品添加物「多即是好」的哲學，他解釋說：此理論基礎目前沒有缺點（你不能吃入太多這類物質），但是可能會產生一輩子的缺陷，而我們對於那些作用究竟為何仍然沒有線索。幾十年來，許多研究想要將父母親的飲食狀況與後代發生之疾病像是糖尿病、肥胖症及癌症關聯起來，但是到目前卻沒有任何解釋。

碳標籤

有人建議漸成基因遺傳性的機制是經由「甲基化作用」（methylation）形成，一個基因能被開啟及關閉是藉加入或去除「碳標籤」（carbon tags）〔已知為「甲基群」（methyl groups）〕至鄰近基因的 DNA 上。在這些情況通常設定是正常基因計畫的一部分，但是小鼠實驗已經顯示：許多因子包括病毒感染或服用某些藥物會重新設定標籤，一旦這些新的甲基化作用標記被建立，它們就能被動物的未來幾代遺傳下去。

為找出是某種物質如同尋常飲食的某些成分般同樣簡單地可影響甲基化作用，傑特及瓦特藍德利用一種知名的小鼠模式稱為「刺鼠基因黃色小鼠」（Agoti Yellow mice），在這種小鼠有一個形成動物毛色的「刺鼠基因」（agouti），其活性被基因內甲基化作用的程度所控制，愈多基因被甲基化，則刺鼠基因的活性降得愈低，而齧齒類動物的毛色就變得更加呈現棕色。科學家餵食雌性小鼠正常飲食或一種添加葉酸、維他命 B12、膽鹼及甜菜素的食物，所有營養物質都被蛋白質酵素利用來製造甲基化作用標記，正常母鼠生出體瘦及棕色的幼小鼠，而控制組動物後代仍然肥胖且毛色同樣呈黃色。

密切關連

　　足以確定，富含維他命的母鼠生出的嬰兒小鼠其毛皮棕色更深，因為刺鼠基因也影響其他層面的新陳代謝作用，較深棕色的小鼠比較不傾向變得肥胖及罹患糖尿病，傑特表示他的研究小組正計畫檢視在人類類似飲食對於甲基化作用的影響。澳洲雪梨大學研究小鼠漸成基因作用的愛瑪‧懷特羅（Emma Whitelaw）表示：這是一個非常重要的結果，此研究在飲食、甲基化作用及基因活性間建立出一種緊的關連性，將可導致進一步進行某些有趣的實驗，但是她並不認為該結果與人類具有密切的相關性，因為杜克大學所使用的刺鼠基因有些不尋常。

　　刺鼠基因小鼠在實驗時所接受營養成分之量為牠們所需要的三至二十倍，如應用於人類，這種劑量會非常巨大，大家在目前千萬不得自行取用。在人類，大約 40% DNA 是被甲基化，大部分是針對潛伏於整個基因組內惡毒、飄移不定的 DNA 產生去活化作用，如果沒有檢查它們會引發疾病，許多基因也會被甲基化，包括引起癌症的 p16，以及一群「作過印記」（imprinted）的基因，其中有一套在基因受精作用後被去活化，印記作用之改變與某些癌症有關，先天性異常症例如「天使人症候群」（Angelman syndrome）及「貝—衛

氏症候群」（Beckwith-Weidemann syndrome），如果飲食影
響作過印記基因的甲基化作用模式，就可能對此等疾病造成
影響。

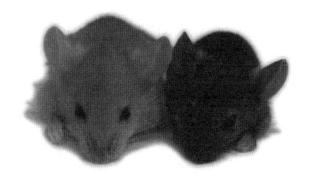

母親的壓力傳給子宮胎兒

德國科學家指出：母親的壓力會傳給她在子宮裡的胎兒並產生長期影響。

科學家發現，如果母親受到高度壓力（例如，伴侶的暴力行為），他們在未出生胎兒身上就會見到一種壓力賀爾蒙受體似乎經過生物性改變，這種改變可能讓小孩比較無法自行處理壓力，而此情況已經顯示精神疾病與行為問題間具有關連性。

該結果發表於《轉譯精神病學》（*Translational Psychiatry*）期刊，係根據一個小型研究得來，包括 25 位女人及她們的小孩，如今小孩年齡介於十歲及十九歲間，研究人員指出，研究裡包括的女人生活在異常的家庭環境，而且大部分懷孕女人從前在日常生活中從未暴露於此等程度之壓力。然而，研究人員表示這些發現並非絕對性，也可能牽涉許多其他因素，包括兒童成長時的社會環境，但是他們懷疑兒童的最早期環境（子宮）是關鍵期。

在研究中，科學家檢視母親及青春期少年的基因來找出任何不尋常之模式，發現某些青少年的一個特殊基因已經被改變，即「糖皮質素受體」（glucocorticoid receptor, GR）基

因（協助控制身體對壓力賀爾蒙的反應），此種基因改變典型發生於當胎兒仍然在子宮裡發育時，科學家相信這種情況是被未來母親在懷孕時不良的情緒狀態所啟動。

敏感之窗

在研究時，這些母親生活在不斷受到她們的丈夫或伴侶暴力威脅下，而似乎此種持續壓力在懷孕時達到高峰。當追蹤這些嬰兒經過一、二十年後長成青少年時，他們已經改變了糖皮質素受體的基因學，而其他青少年則並未發生此情況，此種糖皮質素受體的「甲基化作用」（methylation）似乎使得個人更容易轉向受壓，或對壓力更敏感，表示他們同時在精神及賀爾蒙上對壓力反應更加快速。研究人員與這些青少年進行詳盡訪談，科學家解釋說這些人傾向行事更衝動並可能與他們的情緒不斷掙扎奮鬥。

康斯坦茲大學的主導研究人員湯瑪斯·亞伯特（Thomas Elbert）教授表示：這有可能胎兒由他們的母親獲得訊息告訴他們即將出生並進入一個危險的世界，而這些嬰兒都是更快速的反應者，研究人員如今計畫進行更詳盡的調查，追蹤更多母親與兒童來檢視他們是否能證實科學家的懷疑。

英國倫敦國王學院精神病學研究所壓力心理學專家卡敏·派瑞安提（Carmine Pariante）博士也評論說：該篇論文

證實人類早期之奠基時間開始於極短的九個月內，而且懷孕
是母親對不斷受到挑戰之心理社會環境產生之獨特敏感性，
例如，要遠超過嬰兒出生後，科學家與其他人已經提倡議，
強調母親在懷孕時感受的壓力及憂鬱是臨床及社會上的一種
重要議題。

老爸肥胖影響女兒健康

進食不良飲食的雄性大鼠其雌性後代可能更容易發作類似糖尿病的疾病。

根據發表於《自然》期刊一項對大鼠的研究建議：公鼠吃入高脂飲食後會將健康問題傳給牠們後代的母幼鼠，父親的疾病似乎被遺傳而未改變 DNA 密碼本身，相反地，有一種「漸成基因」（epigenetic）化學物質扭轉了基因，改變基因如何在後代動物的表現，第一作者澳洲雪梨南威爾斯大學研究肥胖與糖尿病的科學家瑪格麗特‧摩瑞斯（Margaret Morris）表示：我們認為此情況是第一次在哺乳動物身上被發現，即父親體內的營養作用已經傳遞給他的後代。

在全世界大部分老年族群中肥胖盛行率逐漸增加，而此現象與第二型糖尿病增加及早期出現有關，這是一種通常於生命後期出現的疾病。許多已完成的研究都顯示：如果母親的飲食不良而她又肥胖時，此情況會傷害她後代的新陳代謝作用並增加肥胖的危險，英國倫敦皇家獸醫學院基礎科學科主任奈爾‧史迪克藍德（Neil Stickland）（他並未參與此新研究）解釋說：但是對於父親的影響卻極少提及，這就是為何本研究如此重要的原因。

摩瑞斯與其研究小組將高脂飲食餵養一群大鼠，對照組是餵以正常飼料，一點也不令人驚奇，吃高脂飲食的大鼠體重變得過重並顯示出兩種第二型糖尿病的症狀，牠們對於葡萄糖的新陳代謝出現問題，同時對胰島素產生耐受性，明顯表示在降低血糖量上這種賀爾蒙變得較無效率。

不想要的禮物

當摩瑞斯研究小組繼續觀察肥胖大鼠的雌性後代時，出現真正讓人感到驚奇的情況，這些大鼠在調控胰島素及葡萄糖的量上也產生了問題，然而健康的大鼠父親卻是生出同樣健康的女兒，至於是否類似缺失也出現於兒子身上仍然須要觀察。葡萄糖的量在體內是被胰島素控制，由胰臟內許多群「貝他細胞」（β-cells）製造，這些細胞成群形成「小島」（islets）構造，研究小組注意到與對照組大鼠女兒比較，肥胖父親的女兒體內這些小島構造已經萎縮。

下一步是研究何種因素引發這些改變，肥胖公鼠的女兒顯現在超過六百個胰臟小島基因的表現上被改變，但是因為DNA密碼本身仍然沒有更動，摩瑞斯研究小組建議此基因表現之改變是屬於漸成基因性，研究人員發現最大差異在於一個稱為 *I/13ra2* 基因的表現，基因的表現能被「甲基化作用」（mathylation）改變，由於甲基群加入 DNA 有效地「關閉」

（silencing）基因，但是在肥胖父親的女兒體內，此基因甲基化作用的量大約是對照組女兒的 25%。

些微差異

但是並非每一個人都被此種想法說服，英國劍橋大學的臨床生化學家史蒂芬 · 歐雷希利（Stephen O'Rahilly）提出：在這些動物間葡萄糖耐受性之差異相當微小，而且在研究中使用的動物數目也太少而無法給予堅實的訊息。更加，這仍然不清楚是否這些改變是由一輩子吃進脂肪性飲食引起，或在父親的發育上是否有關鍵期，這時他的精子被此種飲食所影響。

美國費城賓州大學的神經科學研究人員崔西 · 貝爾（Tracy Bale）如此解釋：此研究並未辨識大鼠父親是在青春期或成年期間暴露於肥胖因子，因為摩瑞斯小組的研究涵蓋整整個時期。她的研究包括疾病之「漸成基因作用」（epigenetics），因此在人類，這並不表示如果一個男人在晚上吃了起司漢堡，而第二天與其妻子交歡後，他們將會生出一個貝他細胞功能失調的小孩，這才是令人驚異。是否該研究可直接轉用至人類仍然要觀察，但是許多母親進入懷孕期時不是體重過重就是肥胖，這或許也是許多父親在肥胖時生出小孩的例子，摩瑞斯表示，這可能以許多方式影響了生殖

細胞，對於下一代產生了影響。

　　歐拉西利（O'Rahilly）警告將這些發現轉用到人類會是「過度早熟」與「危險」，這是一篇有趣且令人感到刺激的論文，但是科學是在衝擊中出現意義。這些結果必須在不同實驗室裡合理容易地再現，如果結果是真的，其他人也會有同樣發現。

垃圾食物將癌症遺傳給後代

基因可能不是唯一將癌症遺傳給後代的方式，以富含脂肪的飲食餵食懷孕雌性大鼠後，會增加牠們的女兒與孫女發生乳癌的危險。

美國喬治城大學醫學中心的蘇妮雅・迪・阿西斯（Sonia de Assis）與同事從前發現：以不健康的食物餵養懷孕大鼠其後代容易發生乳癌，如今他們進一步指出即使這些後代母鼠吃得健康，牠們的後代仍然具有較大長癌的危險。但大鼠在正常情況下不會發作乳癌，因此迪・阿西斯必須給予大鼠孫女一種化學物質來誘發腫瘤，此情況使得所有大鼠孫女的危險性增加。然而重要的是，如果大鼠祖母吃的是富含脂肪的食物，則大鼠孫女甚至更危險，因為二十個星期後，食用正常食物的大鼠祖母其孫女有一半產生乳癌，而兩隻大鼠祖母餵以高脂肪食物後，他們的後代有 80% 發生腫瘤，一隻餵以高脂肪食物之大鼠祖母只有 68% 的大鼠後代發作乳癌。

非基因遺傳

迪・阿西斯在美國癌症研究學會會議上提出此報告，表示富含脂肪的飼料可能引起「『漸成基因』DNA 改變」

（'epigenetic' DNA modifications）能傳衍給未來子孫，如果此過程也可應用於人類，則與乳癌有關的基因如 *BRCA* ₁ 及 *BRCA* ₂ 可能不再是唯一發病原因，為何具有乳癌家族史會讓婦女陷入發生癌症的危險中？科學家認為可能有其他傳衍方式而非唯一基因可解釋乳癌的發生。

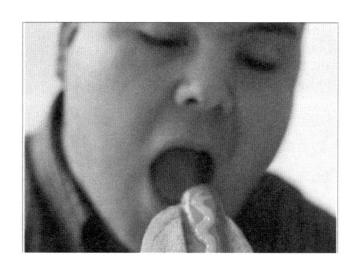

你吃的食物可能改變基因

　　這聽起來像是科幻小說：只要簡單地吞下一顆藥丸，或吃下一種特殊食品添加物，就可永遠使你的行為變得更好，或反轉你的疾病如精神分裂症、杭丁頓氏病或癌症。然而此種治療法看起來越來越像回事，在最新的發展上，只要注射一劑特殊氨基酸，正常大鼠的行為會被改變得不一樣，而其行為的改變是永久性的，氨基酸可改變大鼠基因的表現方式，產生了一種想法：即藥物或食品添加物可能永久抑制先前使人產生精神或身體疾病的基因作用。目前仍然不清楚是否此等介入方式可在人體產生作用，但是有良好理由相信的確如此，由於證據支持某些營養物質可能具有此等功能。

　　2003 年時，美國杜克大學醫學中心的藍帝‧傑特（Randy Jirtle）領導研究人員，顯示一隻小鼠基因的活性能被其母鼠在懷孕非常早期時吃入的食品添加物影響（*New Scientist*, 9 August 2003, p 14），然後於 2004 年，加拿大馬基爾大學的摩西‧史濟夫（Moshe Szyf）、麥可‧敏尼（Michael Meaney）與同事們，顯示母鼠會影響大鼠出生後基因被表現的方式，如果母鼠對剛出生大鼠不去吮舔、梳毛而且照顧不足時，則有一種化學標記已知為「甲基群」（methyl groups）會添加至一個特殊基因的 DNA 上，受影響的基因預定製造「糖皮

質素」（glucocorticoid）受體基因，在大腦的海馬中表現，該基因協助調控動物對於壓力的反應，而在照顧不良的大鼠身上，「甲基化作用」（methylation）減弱基因活性，此等剛出生的大鼠就會產生較大量的壓力賀爾蒙，並且較少信心去探索新環境，這種影響會持續一輩子（*Nature Neuoscience*, vol 7, p 847）。

如今該研究小組指出有一種食品添加物能對九十天大且養育良好的大鼠具有相同作用，同時影響可進入成年期，研究人員將一種常見的氨基酸及食品添加物「L- 甲硫胺酸」（L-methionine）注射入養育良好大鼠的大腦，該氨基酸使糖皮質素基因甲基化，而動物的行為就發生改變，史濟夫形容牠們幾乎完全像是受到不良照顧的大鼠，此發現是在 2005 年 11 月初美國一個有關「環境漸成基因組作用」（environmental epigenomics）的小型會議中宣布。雖然實驗干擾了適應良好的動物，但相反情況一定有可能發生，史濟夫已經顯示一種稱為 TSA 的化學物質（被設計來去除甲基群），能轉變不良照顧之大鼠成為比較正常的動物。

無人可想像注射添加物進入人類大腦會產生何種情況，但是史濟夫表示他的研究顯示出微妙的營養成分及添加物是何等重要，他提出警告：食物具有巨大作用，但是會同時產生兩種影響的方式，例如甲硫胺酸，用來使健康動物受到壓

力的添加物，這種膠囊在網路上或健康食品店都可容易取得，而此分子小得足以經由血流進入大腦。

美國貝勒醫學院的羅伯‧瓦特藍德（Rob Waterland）曾參加此會議，認為史濟夫的想法正在傳遞一種訊息，由於他們建議甲基化作用能影響我們的基因並接續進入成年期，由於改變我們的 DNA 如何表現會引起太多疾病，此情況則打開許多新的思考途徑有關如何預防及治療這些疾病。但是瓦特藍德指出仍然有許多研究要做，像是甲硫胺酸與 TSA 等物質是一種「猛力打擊的方式」，似乎將許多基因去甲基化，而我們甚至不知道它們將影響何物，但是他懷疑例如「RNA 指導之 DNA 甲基化作用」（RNA-directed DNA methylation）的技術目前只在植物上測試，但是理論上有可能發生於哺乳動物，可能允許我們更精確地針對此等甲基化作用進行試驗。

3.

憂鬱症與壓力

十分之一的兒童產生精神困擾

根據有史以來第一個政府調查發現：有多達 10% 的兒童及青少年具有某些種類的精神異常症。

在年輕人中精神問題的程度高漲使許多人恐懼增加，該研究由英國國家統計局發表，包括情緒、行為及過動異常症，但是在英國二十個兒童中有 1 人具有「臨床顯著性」（clinically significant）異常症，被鑑定出的男孩多過女孩，同時也顯現出生於最低社會階級家庭的兒童更可能產生問題，大約是正常家庭的三倍，估計在社會階級五的家庭（父母親皆為無特殊技術之工人）中，15% 兒童具有異常症，而與出生於「專業」階級雙親的兒童相反，只有約 5%。

家庭收入較低也與小孩罹患精神異常症增加的危險有關，而在不同地域間如英格蘭、蘇格蘭、威爾斯或北愛爾蘭等則沒有顯著差異。該調查顯示那些被發現具有精神異常症的兒童中幾乎 30% 並未向家庭醫生求助，或向醫院醫生（如小兒科醫生或兒童精神病醫生）請求協助解決他們的問題，此結果支持一個早期查核委員會的報告，認為兒童精神健康服務在英國是「片面性」（patchy），而治療品質因所居住的地區而不同。

兒童精神健康慈善機構「年輕心靈」（Young Minds）描述該報告為「無價的」（immensely valuable），一位發言人表示：「此報告證實我們長期所

持有之觀點：即至少有 10% 年齡介於五歲及十五歲間的兒童受到某種精神異常症折磨，此外有更多兒童遭受巨大的精神壓力，如果他們不接受協助，將可能發展成為一種可診斷的異常症，因此公共政策制訂者須要仔細考量為何如此多的兒童經歷精神健康問題。

訪談父母親與兒童

該調查包括與 10,500 位雙親與年齡介於五歲及十五歲間的兒童，及 4,500 位年齡為十一歲至十五歲的兒童面對面訪談，情緒異常症包括廣泛的問題，例如過度焦慮、恐懼、社會性恐懼、恐慌症發生、強迫思想及強迫行為異常症及憂鬱症，而行為異常症包括笨拙、製造麻煩、侵略性及反社會行為。

罹患精神疾病會減少壽命

在英國，受苦於嚴重精神疾病的人（像是精神分裂症或兩極性異常症），壽命會比一般人短少十至十五年。

研究人員使用電子醫學記錄追蹤超過三萬個精神病人的生活，他們發現許多人因罹患心臟病、中風及癌症而早死，超過自殺或暴力，精神疾病團體表示對容易罹病的人需要提供較佳照顧以預防早死，研究是在英國倫敦茅斯列醫院精神疾病生物醫學研究中心進行，結果並發表於網路期刊 *PLoS ONE*。

該研究對受苦於特殊精神疾病如精神分裂症、嚴重憂鬱症及兩極性異常症的人或那些正在治療的毒品濫用者，檢視他們的生命期，所有研究之病患生命期都遠低於英國人的平均壽命：男人 77.4 年及女人 81.6 年，那些最受影響的人是罹患精神分裂症的女人（其情緒或有時異常思想產生問題），她們的平均生命期減少 17.5 年，而罹患精神分裂症的男人，生命期縮短大約 14.6 年，研究人員相信許多因子的結合，如高危險的生活型態、長期服用抗精神疾病藥物及社會情況不良等，都會造成此結果。

冷酷的統計

英國生物醫學研究中心的羅伯 · 史都華（Rob Stewart）醫生表示，具有嚴重精神健康狀況的人也傾向不照顧他們自己，這些結果顯示精神健康狀況對一般健康及存活都有巨大衝擊，我們在此所見的影響比熟知的危險因子像是抽煙、肥胖或糖尿病都要強大。我們需要改善受苦於精神異常疾病的人其一般健康，藉保證他們能接受到如其他人同樣標準、品質及範圍的健康照顧並發展有效之篩檢計畫。

來自慈善機構「再思精神疾病」（Rethink Mental Illness）的珍 · 哈里斯（Jane Harris）表示，罹患精神疾病的人其身體健康需求已經被忽視，這些冷酷的統計數字訴說一個個愁苦的家庭故事，令人完全無法接受罹患精神疾病的人，以生命期而言實際上卻生活於 1930 年代，所以我們必須採取行動；不能容忍人們繼續死於可預防之疾病的事實，由於健康系統治療精神疾病病人如同二等公民。

症狀被忽視

英國精神健康中心的聯合執行長包伯 · 葛羅夫（Bob Grove）說明，須要採取緊急行動來實施政府的精神健康政策，以改善所有罹患精神疾病問題人們的身體健康為目的，並強調「健康上完全不平等是國家健康服務部（NHS）必須重整過程之一部分。」

　　精神健康慈善機構「心靈」（Mind）的蘇菲・蔻蕾特
（Sophie Corlett）說明：醫生須要更主動地協助病人並告知
有關長期醫療的選擇，這有時對他們的身體健康具有負面效
果。目前也有一種危險，即可預防之疾病會被醫生忽視，他
們有時忽視身體健康的抱怨而將注意力集中於精神健康問
題。這點十分重要，具有精神健康問題的人可接受到例行性
身體健康檢查，同時幫助他們作出健康生活型態的選擇，我
們不能允許此種不平等的情況繼續下去。

　　英國照顧服務部部長保羅・伯斯特（Paul Burstow）
敘述說：我們的政策「缺乏精神健康即無健康」（No health
without mental health），目標是改善具有精神健康問題人們
的身體健康，減少早夭的情況發生，並保證對於所有需要的
人都可獲得依據證據得來之精神健康治療方法。

慢性壓力導致憂鬱症

慢性壓力會引起憂鬱症嗎？一個新的小鼠研究添加重要證據顯示的確如此，並對抗憂鬱藥物如何作用提出解釋。

新的研究發表於《自然》期刊，奠基於許多較早期的研究，顯示慢性高度壓力殺死神經元並防止大腦稱為海馬的部位產生「神經生成作用」（neurogenesis，生出新的大腦細胞），在海馬中的神經生成作用對於健康壓力反應似乎是必要的。

由美國國家精神健康研究院神經可塑性研究主任希瑟・柯麥隆（Heather Cameron）領導，研究人員比較正常小鼠與所謂 v-TK 小鼠，後者是研究人員使用工程方式製造的小鼠，在成年時他們的海馬無法形成神經生成作用。科學家測試動物對壓力源的心理反應，在此案例就是限制身體活動三十分鐘，與正常小鼠比較，結果發現工程製造之小鼠比較無法由經歷事件中恢復。柯麥隆表示：科學家發現當加壓力於動物及解除壓力後，v-TK 小鼠具有壓力反應的時間持續較久。

研究人員也觀察動物對壓力的行為反應，在一個試驗中，飢餓的小鼠被放置於一個開放但不熟習的場所，此種情況使齧齒類動物感到害怕，因為此情況讓牠們感覺到無法抵抗掠

食者，在場所中央有一塊食物放置，正常與 v-TK 小鼠皆會好奇地接近此食物，花費相同時間來提升他們的勇氣。但是在暴露於場所前當小鼠第一次受到身體限制三十分鐘後，v-TK 小鼠顯現憂鬱症症狀（在此呈現為在不熟習的環境中避開食物）比正常小鼠花費更多時間去嚙咬食物，而壓力並未影響正常小鼠的反應時間。

在另一個試驗，小鼠被強迫在無法遁逃的塑膠圓桶內游泳，v-TK 小鼠放棄並停止游泳的行為比正常小鼠早得多；這是另一種類似憂鬱的症狀，在過去的研究已經顯示此情況能使用抗憂鬱藥物來反轉。柯麥隆解釋說：這些發現十分符合壓力能引起憂鬱症或具壓力之環境能形成憂鬱症的想法。

另一個對於「興致缺乏症」（anhedonia）或「無快感」（pleasurelessness）的試驗（這是憂鬱症的一種純粹症狀，時常讓人們感覺沒有希望與極為傷心），科學家讓小鼠在給予白水及糖水間做選擇，健康小鼠喜好糖水並自然地喝下大量糖水，這是在目前研究中所顯現的結果，但是 v-TK 小鼠就是不喝糖水，堅持飲用白水。卡麥隆說明：動物對於傾向飲用蔗糖水被認為與人類的愉悅行為類似，罹患憂鬱症的人對過去通常感到快樂的事如今卻興趣缺缺。

這些針對憂鬱症的動物試驗，與用來研究抗憂鬱藥物的有效性、及用於確定藥物是否必須進一步在人體上測試是

相同的，有效的抗憂鬱藥物能可靠地反轉這些讓人憂鬱的行為，而過去的研究也顯示這些藥物會增進海馬裡的神經生成作用、反轉在此部位壓力所誘發的損傷，〔「電痙攣治療法」（electroconvulsive therapy）也已經顯示具有相同作用〕。

事實上，第一個將神經生成作用關聯上憂鬱症的是抗憂鬱藥物的研究，結果發現藥物會刺激海馬中新細胞之生長，第二個主要研究也支持此假說，由美國紐約州立精神疾病研究所整合性神經生成組主任雷恩·韓（Rene Hen）主持，發現抑制神經生成作用大大減少抗憂鬱藥物的療效。卡麥隆表示他們的研究指出對於抗憂鬱藥物作用是處於正確的道路上，他的研究由政府經費支持而非製藥工業，由於科學家發現此關聯與抗憂鬱藥物無關，並且建議神經生成作用假說看起來真正是正確的，且由於我們已經知道抗憂鬱藥物會促進神經生成作用，我們的結果支持抗憂鬱藥物具有真正療效的想法。

目前不知談話療法是否能影響人類的神經生成作用（但不可能對大鼠進行談話療法），不過動物研究的確支持：提供較佳社會及身體環境可協助促進新的大腦細胞生長。有趣的是，抑制小鼠的神經生成作用似乎惡化他們對於心理壓力的原始反應，包括恐懼及社會挫敗要超過實際之疼痛或傷害，例如在限制身體活動及強迫游泳試驗中，小鼠並未受到傷害，

他們只是害怕可能遭受之疼痛或惡化。較早之研究也顯示小鼠展現憂鬱症狀，這些對於生理壓力的反應（如流血、麻醉或寒冷）是正常的，在目前的研究中，當研究人員針對 v-TK 小鼠進行麻醉時，他們壓力賀爾蒙的量反應正常。

韓（他並未參與該研究）評論說：這是一篇有趣的論文做到兩件事，證明以前的發現在海馬神經生成作用會影響大腦一個關鍵系統，並且因此產生了壓力賀爾蒙，新奇的部分是此結果關連上發生於急性或慢性壓力反應中的行為改變。當然，喪失神經生成作用並非憂鬱症的唯一原因，而恢復此功能也不是治療憂鬱症的唯一方式，否則抗憂鬱藥物會對所有人都產生作用，然而情況並非如此，而且抑制神經生成作用完全去除藥物療效的情況並未發生，產生憂鬱症的機制當然要複雜許多。

韓解釋說：憂鬱症是非常多元性的，他提出該疾病的複雜性協助解釋了在臨床試驗中，為何抗憂鬱藥物可能有時似乎不比安慰劑來得效果較佳。大約 30% 至 50% 的人在臨床試驗中對抗憂鬱藥物不起反應，此情況給予人們虛假的感覺，以為對於藥物的整體反應非常小，但是如果分別檢視反應者及無反應者，會見到有反應的人是真實地產生反應。

卡麥隆的研究提出另一個問題，即為何大腦針對壓力起反應會殺死大腦細胞，並使得自身對未來壓力更加敏感，韓

表示：思考有關神經生成作用的一個方式是，這是大腦裡允許你對變動中環境適應的一個過程，在壓力環境中你必須具有較弱的神經生成作用，此可能是對以下事實加以適應，即當處於壓力情況下，你最好保持鎮定不要盲動，如果你處於一個非常危險的環境，有可能不要出去並尋找新經驗就是一種適應情況，而最佳方式可能為待在家裡、躺下身體並集中於存活目標上，卡麥隆如此解釋。韓接著表示，這是正常功能，但是如果那個過程變得過度，你就能見到其如何會變得適應不良，或許新的發現將協助研究人員對 20% 罹患憂鬱症的人發展出較佳治療方法，他們的病對任何現有的治療法都不起反應。

父母親與小孩同感壓力

父母親的壓力經由染色體傳給兒孫輩。

壓力被認為會引發「漸成基因改變」（epigenetic changes）但並未更動 DNA 序列，卻在基因上留下化學標記指揮它們如何活動，以前的研究已經顯示如果小鼠在出生後受到壓力兩個星期，牠們的後代將顯現憂鬱與焦慮的徵象，不論後代已獲得母親相當程度的照顧，而目前有愈來愈多證據顯示：常見健康問題包括糖尿病、肥胖、精神疾病及甚至恐懼，都可能是壓力作用於親代及後代的結果。

然而直到現在，鑑定在遺傳性 DNA 的改變可能解釋這些作用如何傳衍的企圖已經失敗，如今，日本茨木市筑波理化學研究所「理研和光本所」（Riken Tsukuba Institute）的俊介石井（Shunsuke Ishii）與其同事已經鑑定出一種分子機制，藉此機制壓力作用能被往下傳送而未改變基因或 DNA，石井認為藉澄清該機制相信能說服許多懷疑者。

開啟

他的研究小組已經顯示化學物質或環境壓力可由「染色質」（chromatin，組成染色體緊密堆疊的 DNA）分離出

一種蛋白質稱為「活化轉錄因子 2」（activating transcription factor, ATF-2），ATF-2 可做為一種拉鍊，讓染色質緊緊纏在一起，一旦拉鍊拉開，染色質構造就被打開，使得原先隱藏的基因變得活化，非常重要的是，被打開的染色質會遺傳至原始「承受壓力」細胞的所有後代，如果受壓力細胞是一顆卵或精子，則被改變之染色質將傳送至任何後代的所有細胞。

紅眼

為鑑定此機制，石井首先讓果蠅基因突變來製造紅色眼睛，該基因的位置被隱蔽除非染色質被打開，其點狀遺傳的特徵就容易見到。石井將牠們所孵育出的卵加熱或將卵暴露於鹽水，就此加壓力於突變果蠅的第一代，在牠們成熟長到成年期，他讓這些果蠅與健康果蠅交配，結果發現打開之染色質傳至第二代果蠅，但非第三代，但是當石井同時暴露第一代及第二代果蠅至熱或鹽水，則作用會延長得更久，不只影響一代果蠅而是以後連續三代，石井解釋說：因此超過多代的持續壓力會產生染色質狀態改變並被以後幾代果蠅所遺傳。石井補充說：哺乳類動物具有與 ATF-2 相當的蛋白質稱為 AFT-7，2010 年時，他的研究小組顯示在小鼠該蛋白質會經由心理壓力改變，導致染色質的變化，但是對於此改變是否可遺傳的實驗尚未進行。

　　加拿大馬基爾大學的摩西・史濟夫（Moshe Szyf）評論說：令人感到真正驚奇的是，該研究顯示一種清晰的分子機制會對壓力起反應，而且在「生殖細胞」（germ line）中產生染色質狀態改變，就科學家所知此結果為第一個。說不定突變果蠅可協助解決在遺傳學上最大的謎題：飢餓或毒品上癮會將其不良作用傳給受害者的兒輩與孫輩。（Journal reference: Cell, DOI: 10.1016/j.cell.2011.05.029）

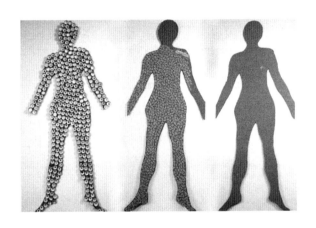

父親得憂鬱症不利兒童健康

憂鬱的父親不利兒女的情緒與行為。

憂鬱症已知會在家族中連續發生，但是大部分研究都集中於母親的影響，如今發表於 2011 年 11 月 7 日《小兒科》（*Pediatrics*）期刊的一個研究，建議罹患憂鬱症父親的兒女更容易產生情緒或行為問題，例如感覺悲傷或爆發脾氣。

該研究係調查近二萬二千個年齡介於五至十七歲的兒童及他們的父母親，結果發現有 11% 的兒童具有情緒或行為問題，而他們的父親具有憂鬱症的症狀，比較之下只有 6% 的兒童他們的雙親沒有憂鬱症。研究作者是美國紐約大學朗岡醫學院小兒科及精神病學教授麥可 · 魏茲曼（Michael Weitzman）博士，他表示：此結果較不尋常的是此情況從前從未被檢視過，他認為以父親對家庭及兒童生活的影響而言一般人皆認識不足，這讓科學家嘗試並發展臨床服務來鑑定罹患憂鬱症的父親，並設想各種方式讓將他們接受此服務。

母親如具有憂鬱症狀，他們的小孩情緒及行為問題的比例升高至 19%，而雙親都是憂鬱症患者的問題兒童比例高達 25%，當憂鬱症已知具有強烈的遺傳根源時，我們也得思考如何改變雙親與他們小孩間的互動關係。魏茲曼認為相同事

件造成不同結果：當雙親感覺良好時會鼓勵他們的小孩，而當他們不高興時卻會使憂鬱症惡化，科學家只能猜測治療雙親會對他們的小孩有正面效果。

美國耶魯大學心理學教授及照顧中心及兒童行為診所主任亞倫・卡茲汀（Alan Kazdin）表示：該研究證實了雙親同時對兒童的一般健康具有影響，這可能是第一個對於父親影響的研究，但是符合許多其他研究的結果，十分樂見大家逐漸脫離只有憤怒母親才會造成不利的結果。卡茲汀進一步說明：不確定的是父親的憂鬱症是否實際引起兒童的情緒及行為問題，因為相反情況實際上也有可能，他解釋說，父親所能做到最好的事情之一是維持你的身體及精神都健康，你說你願意為小孩做任何事？因此去接受治療吧，這樣對於你與你的小孩間如何互動會造成大不同。

　　菲利浦 · 孟德爾（Philip Mandel）在成長時戰戰兢兢，他的父親是一位醫生，受到病人敬仰，但是在家裡卻時常覺得悲哀而且會發瘋，這讓孟德爾孟感到神經兮兮而且焦慮不安，他對有關可說或不可說的事及能做或不能做的事總是感到多疑，他的父親脾氣火爆，當發怒時讓孟德爾嚇壞了，他只是一個小孩子罷了，加以治療後，孟德爾在四十多歲時克服了他的害羞脾氣與憂鬱症，如今他成為一位健康教練，協助其他人增進他們自己的健康。

百憂解如何影響大腦

科學家建立一種新的小鼠模式，可協助正確解釋大腦針對抗憂鬱藥物（如百憂解）產生何種反應，該研究對於了解及篩選憂鬱症的新型治療方法會有巨大潛力，而且研究發現目前的多種治療方法可能要比從前所認知的具有更多相同處。

「百憂解」（Prozac, fluoxetine）是治療憂鬱症最常用的藥物之一，其作用為刺激大腦海馬生長新神經元，美國紐約冷泉港研究所的葛瑞果力・安尼克洛普夫（Grigori Enikolopov）與其研究小組要確定在此生長過程中，百憂解在稱為「神經生成作用」（neurogenesis）的哪些步驟具有影響力，因此該小組以工程方法製造一種小鼠，在神經生成作用時神經細胞的細胞核能顯現綠色，此種方法使科學家容易計算細胞數目，並與發育中的神經元比較，由追蹤與神經生成作用不同階段有關的其他因子，研究小組發現當中只有一個階段受到百憂解的作用，該藥物並未藉刺激幹細胞來促進神經元的生長，而是刺激正好在幹細胞「下游」（downstream）之細胞產生分裂，稱為擴增「神經先成細胞」（neural progenitor cells），這些細胞已經預定要形成神經元。

如今研究人員正測試幾種治療方法，由使用不同藥

物至「深部大腦刺激」（deep brain stimulation），來檢視這些方法是否影響神經元發育中的相同步驟，如果所有這些不同治療方法都是作用於同一步驟，這表示對於新治療藥物的研發

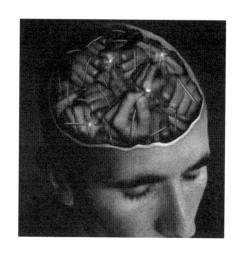

將可提供一個精確之標的，而且可以更迅速地篩選可能之憂鬱症治療方法。但是如果不同治療方法是針對神經生成作用的不同步驟，那麼可以決定在不同條件下選用適當的不同治療方法，例如，巴金生氏病與憂鬱症有關，醫生用一種抗憂鬱劑先治療這些病人可能結果較好，其作用在巴金生氏病發作時之下游步驟，為的是要產生療效。

　　科學家問到：在這兩種情況下，產生的新神經元如何轉化來改善情緒？這才是最重要且尚未回答的問題。研究小組也測試以百憂解治療新生小鼠，來檢視神經生成作用是否在新生兒如同成年動物般以相同方式反應，他們希望此結果對於百憂解給予兒童是否適當的問題上注入一線希望。

某些精神疾病可能起始於甲狀腺

醫生時常發現：罹患憂鬱症、焦慮症及其他精神問題的病人，其血液中甲狀腺賀爾蒙的量異常，如將此問題治療後，病人之情緒、記憶與認知功能就能獲得改善。

如今研究人員正探究在輕微、或「次臨床」（subclinical）甲狀腺問題與某些病人精神疾病間具些微爭論性的關聯，在回顧有關次臨床甲狀腺官能不足症及情緒的文獻後，美國北岸——長島猶太健康系統的精神病學家羅素・約菲（Russell Joffe）醫生與其同事最近獲得結論，即治療甲狀腺疾病（影響大約 2% 美國人）可減緩某些病人的精神疾病症狀，並甚至可能預防未來認知衰退之情況，約菲醫生表示：在給予甲狀腺賀爾蒙後，罹患精神疾病症狀的病人情況獲得改善。

甲狀腺是一種蝴蝶結形狀的腺體包住氣管，會製造兩種賀爾蒙：「甲狀腺素」（thyroxine）或稱 T4，及「三碘甲狀腺素」（triiodothyronine）稱為 T3，這兩種賀爾蒙在極大範圍的生理作用中具有功能，由管制體溫及心跳至認知能力。任何情況都能引起甲狀腺功能異常，包括暴露於輻射，飲食中含有太多或太少碘、醫療物質如鋰以及自體免疫疾病等，而甲狀腺疾病的盛行率因年齡而上升，太多甲狀腺賀爾蒙如

「甲狀腺官能過高症」（hyperthyroidism）會加速新陳代謝，引起像是流汗、心悸、體重減輕及焦慮等症狀，太少如「甲狀腺官能不足症」（hypothyroidism）則引起身體疲倦、體重增加及動作遲緩，以及憂鬱症、無法集中注意力及記憶問題。

約菲醫生解釋：在二十世紀初期，臨床憂鬱症的最佳描述實際上是在教科書中對於甲狀腺疾病的敘述，而非精神疾病教科書，但是醫生長久以來不同意於精神疾病症狀與甲狀腺問題間具有關聯性。美國布朗大學精神疾病及人類行為助理教授珍妮弗 • 戴維斯（Jennifer Davis）表示，這是雞與蛋的問題，是否因為甲狀腺出問題而引起精神疾病症狀，或反之亦然？戴維斯博士認為，罹患甲狀腺疾病的人時常被誤診為精神疾病。

二十九歲的莉雅 • 克里斯汀（Leah Christian）小姐是舊金山一位兒童照顧人員，在十年前以抗憂鬱症藥物來治療憂鬱症與焦慮症，卻沒有效果，她表示一直情緒低落。幾年前，由於病情仍然不見好轉，她要求醫生將她轉介給另一位治療師，這位醫生首先進行甲狀腺檢查並發現克里斯汀罹患有一種自體免疫疾病，稱為「橋本氏慢性甲狀腺炎」（Hashimoto's thyroiditis），這是引起甲狀腺功能不足症的常見原因，然後醫生給予一種合成之甲狀腺賀蒙替代品 levothyroxine 治療，結果她的憂鬱症及焦慮症都消失無蹤，克里斯汀表示此情況

顯示其所有症狀都與甲狀腺有關。

在此情況下她很幸運，她的賀爾蒙量明顯地處於異常範圍內，「正常」量的「甲狀腺刺激賀爾蒙」（thyroid stimulating hormone），或稱 TSH，分數範圍由 0.4 至 5（TSH 的量越高，甲狀腺的活性越低），大部分內分泌學家皆同意：分數為 10 或超過 10 就需要治療此甲狀腺官能不足症。但是一般人的分數介於 4 與 10 之間，分際就變得較不清楚，特別是對那些經歷此等模糊精神疾病症狀（如疲倦、輕微憂鬱症或只是不覺得像是自己）的人。美國辛辛那提醫學院精神病學教授湯馬士・傑拉西歐提（Thomas Geracioti）醫生表示：有些醫生相信這些病人必須加以治療，如果某人產生情緒異常症及次臨床甲狀腺官能不足症，這會是相當嚴重。傑拉西歐提醫生使用甲狀腺賀爾蒙來治療產生衰弱階段恐懼的音樂演奏家，這位傑出的音樂家後來完全恢復健康。

治療次臨床甲狀腺官能不足症的想法具有爭議性，特別是在內分泌學家之間，約菲醫生提出，甲狀腺賀爾蒙治療法會壓迫心臟並可能加重女人的骨質疏鬆症，換句話說，如無法治療疾病也會對心臟造成壓力，而某些研究認為此方法可能增加罹患阿茲海默氏症與其他失智症的危險。目前的「悲傷係數」（misery quotient）很難量化，約菲醫生表示：人們對於有關憂鬱症及焦慮症的生命品質議題有不甚樂觀之傾向。

　　女人發作甲狀腺問題的可能性要比男人大得多，特別是超過五十歲後，而某些專家相信性別可解釋這些治療次臨床疾病產生遲疑的原因，戴維斯博士解釋：一般人對女人進入診所訴說產生微妙之情緒抱怨上存有可怕的偏見，這些抱怨不是被擱置一旁就是造成壓力或焦慮。

　　美國波士頓貝絲以色列迪雅康妮斯醫學中心臨床內分泌科主任詹姆斯・漢尼西（James Hennessey）醫生表示：精神疾病症狀會是模糊、微妙及高度個人性的，另一個複雜性為：許多專家弄不清楚所謂真正「正常」甲狀腺情況為何，漢尼西醫生解釋說：一位病人可能具有 5 分的 TSH，許多臨床醫生會表示此分數不夠高得足以與症狀有關，但是如果個人參數設定大約為 0.5，則 5 分就表示 TSH 的量增加十倍，對於那個人而言，此情況就可能十足代表疾病已經發生。

　　在一個發表於 2006 年的研究中，中國安徽省的研究人員在治療前與治療後，使用大腦掃瞄來評估罹患次臨床甲狀腺官能不足症的病人，他們發現在以 levothroxine 治療六個月後，病人的記憶力及執行功能都明顯改善。約菲博士與美國波士頓大學的研究人員，最近以國家衛生研究院的經費展開一個試驗，將年齡超過六十歲的人其次臨床甲狀腺官能不足症與某些情緒及認知症狀釐清分開，其結果雖然至少在幾年內都不會曉得，但是某些臨床醫生卻等不及了。漢尼西醫生

表示：我個人覺得具有 TSH 分數介於 5 及 10 之間的病人，特別是罹患精神疾病症狀者，值得進行甲狀腺醫療的試驗。

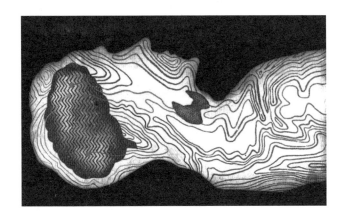

4.

漸成基因作用與其影響

精神疾病與漸成基因作用

　　利用同卵雙胞胎的研究已經顯示：罹患精神分裂症及兩極性異常症的人由於他們的環境引起基因活性改變，該發現如今提供最強有力的證據表示此等基因改變可能引起精神疾病。

　　英國倫敦國王學院精神病研究所的約拿桑・米爾（Jonathan Mill）與同事掃瞄二十二對同卵雙胞胎的基因組，因為每對同卵雙胞胎其中一人被診斷出有精神分裂症或兩極性異常症而被選擇作為實驗對象。如同預期，同卵雙胞胎具有完全相同的 DNA，然而他們在化學性「漸成基因標記」（epigenetic markings）上卻顯示顯著差異，這種改變並未更動 DNA 序列但是在基因上留下化學標記指揮基因如何活化，這些變化是發生於與兩極性異常症及精神分裂症有關的基因上。

　　米爾的研究小組掃瞄基因組上二萬七千個位置比對接觸化學性甲基群的差異性，「甲基化作用」（methylation）在正常情況下是將基因關閉，而去甲基化作用係將其開啟。不論同卵雙胞胎罹患何種疾病，最明顯的不同處是甲基化作用的數量變異高達 20%，位於促進子一個稱為 *ST6GALNAC* 1 基因的「開關」（switch），此基因與精神分裂症有關，雖然基因的功能並未完全了解，但被認為係加添糖至蛋白質，這

可改變它們一般功能的速度或專一性，該發現係追蹤另一個
研究，有關篩檢罹患某些種類精神疾病病患死後的大腦組織，
研究人員發現與對照組比較，相同基因甲基化作用的差異高
達 25%。

　　對同卵雙胞胎的掃瞄結果也顯示甲基化作用在 *GPR24*
上具有差異，這是從前認為與兩極性異常症有關的基因，另
一個基因稱為 *ZNF659*，顯現在罹患精神分裂症的人產生過
度甲基化作用，而在那些罹患兩極性異常症病人卻甲基化作
用不足，建議這些疾病可能由相反的基因活性引起（*Human
Molecular Genetics,* DOI: 10.1093/hmg/ddr416）。米爾表示：

科學家知道這些異常症彼此相關，而且兩者分享相同臨床特徵，但是掃瞄結果顯現某些基因可能在一種疾病中過度活躍而在另一種疾病中卻活性不足。

米爾解釋，同卵雙胞胎將須要一輩子規律地掃瞄，來找出是否漸成基因改變發生於異常症開始發病之前，然後有可能將環境的改變（例如壓力事件或飲食）關聯上，這些情況在小鼠已經顯示會引起遺傳性漸成基因改變。美國阿拉巴馬大學研究漸成基因作用同時參與該研究的大衛・史威特（David Sweatt）也強調說：他覺得這是到目前為止由人體實驗所得之最佳證據，支持漸成基因的機制可能驅使產生精神疾病異常症的假說。

環境對基因的影響

環境因子如壓力及飲食會影響人類未來許多後代的基因，導致肥胖、心臟病及糖尿病等疾病比例增加。

有一個研究探討在 2001 年發生九一一紐約攻擊後人們罹患「創傷後壓力症候群」（post-traumatic stress disorder, PTSD）的驚人發現，病人包括在九一一時懷孕的母親，發現她們的嬰兒在血液中壓力賀爾蒙「皮質醇」（cortisol）的量改變，此種作用在母親第三期懷孕三個月時最明顯，因此建議在子宮內發生的事件可能造成此結果。這種改變被認為是經由位於我們 DNA 頂端的一套指引產生作用；化學標記決定一個基因是否被開啟並活化，或仍然被關閉而靜止，此情況為「漸成基因作用」（epigenetics），屬於額外一層資訊而科學家如今正開始了解。

外在影響

當一個胚胎發育時，其經驗推動漸成基因改變的變動，此情況原先被考慮是一種固定過程，但是研究人員如今認為這可能是外在影響的主題，使一個發育中的動物適應其環境，美國奧克蘭大學的彼得·格魯克曼（Peter Gluckman）教授表

示：胎兒及新生嬰兒獲得有關他們即將進入生長世界的資訊主要得自母親，但是如果此種資訊並不十分正確時會發生何事？

許多科學家相信肥胖、心臟病及糖尿病發生比例增加係根植於嬰兒發育早期，而格魯克曼教授是其中之一；發育中的胎兒經歷如營養及壓力等因子會改變成年時對疾病的敏感性。英國愛丁堡大學的約拿桑‧西寇（Jonathan Seckl）教授已經顯示：在子宮裡暴露於異常大量的壓力賀爾蒙能改變動物的生物學，他如此解釋：想像動物出生於艱困的環境下，或嬰兒在戰爭地區出生的狀況，此時母親發送一個訊息給胎兒，表示外界環境艱困，因此你最好將你的生理作用、新陳代謝作用及行為標準提高，為的是要準備創傷來臨。

這在短期是有利的適應作用，但是就一輩子而言，這些生理變化會帶來疾病的增加，且而越來越多的證據顯示此情況會影響超過一個世代，在另一群罹患創傷後壓力症候群的病患身上，也已經發現壓力賀爾蒙皮質醇的量被改變，這些病患是在大屠殺中存活者的小孩，出生不到幾個月，但是他們的雙親卻暴露於創傷壓力有好幾年時間。西寇教授解釋，那時這些小孩不是胎兒，但是有可能曾經是顆卵，因此環境中的影響可能不止作用於子宮裡的胎兒，而且也包括卵及精子裡的指引手冊，而這些卵與精子將會形成下一代。

食物短缺的衝擊

其他研究已經觀察此情況對超過多代動物的影響，在瑞典北方，研究人員發現祖父在兒童時期經歷食物短缺後，對其孫子的壽命具有影響，而在「布里司托雙親及兒童亞汶縱型研究」（the Avon Longitudinal Study of Parentsand Children in Bristol）中，發現父親在青春期前開始抽煙，他們所生的兒子會更容易發胖。

如果結果正確的話，則此研究對公共健康會產生巨大衝擊，英國南漢普頓大學的馬克 • 韓森（Mark Hanson）教授的意見為：科學家應真正集中注意力於年輕人的飲食、生活型態及一般健康，特別是在生育年齡的年輕女人，而且他們已經發現人類生物學的基礎層面，人們絕不可對此情況忽視。

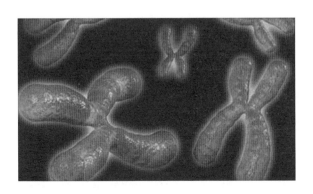

基因甲基化模式標示肥胖

　　人的基因在決定身體形態上具有重要功能，但是當父母親的卵及精子受精時這個功能可能尚未固定，如今看起來在人的一生發生於基因的化學變化可能影響他們如何變胖，而並未改變他們遺傳之 DNA 序列。

　　這是第一次發現在生命期中基因長期的化學改變會影響肥胖及體重。

　　逐漸增加的證據（包括此發現）顯示不止基因指揮重要身體特徵，環境線索及條件藉改變基因活性也可能影響此等特徵，這些「漸成基因」（epigenetic）改變影響基因是否被開啟或關閉，但是並未改變 DNA 序列。有關漸成基因改變的最新發現包括「甲基化作用」（methylation），此過程係添加稱為甲基群的化學物質至 DNA，能將基因開啟或關閉，或藉改變其讀取方式來調控基因活性。

冰島式肥胖

　　約翰霍普金斯大學醫學院的安德魯・芬安伯格（Andrew Feinberg）及布倫伯格公共衛生學院的丹尼爾・法林（Daniele Fallin）領導一個研究小組，繪製七十四位不同身體形態成年

人其 DNA 中的甲基化作用，尋找似乎在生命早期（或甚至在子宮裡）已經延長並設定的模式。

為達到此目的，科學家首先在 1991 年篩檢自願者的 DNA，並挑出 227 個帶有甲基化作用模式的位置，此模式在組群個人間產生異常大量的變異，然後他們在 2002 年篩檢相同的人以分辨在過去十一年內何種甲基化模式未曾發生改變，合理推測此種變異一定發生於生命早期，後來才固定下來，對於例如體重或智力等特徵具有持續的影響。在 227 個被甲基化的位置中，發現有 119 個與十一年前在 2002 年時相同，然後芬安伯格及法林將這些組群與個人的身體形態作比對，他們發現十三個被甲基化的基因更可能存在於體重過重或肥胖的參與者體內。這些化學變化可能是對環境條件起反應而出現，例如兒童期的個人飲食或甚至他們的母親在懷孕時的飲食，科學家解釋說：他們還不知道何種基因與環境合起來的程度會產生此種穩定的甲基化作用改變，但是相信兩者同樣重要。

常見之懷疑

這十三個經甲基化的基因包括那些製造「金屬蛋白酶」（metalloproteinase）的酵素，這些酵素經由小鼠的研究已知與肥胖有關，另一種酵素稱為 *PRKG* ₁，昆蟲及線蟲用其搜尋食物。

　　但是如果能鑑定出與肥胖有關之特殊甲基化基因，就可能提供新的方式來篩檢變成過重或肥胖危險的人，芬安伯格認為，這些結果的確建議包括漸成基因分析的重要性，在個人醫學研究以基因分析方法以預測危險。但是英國伯明漢大學的基因學家布萊恩·特納（Bryan Turner）評論說：漸成基因標記（例如甲基化作用模式）與特殊疾病或身體狀態間關係的建立很難讓人有信心。

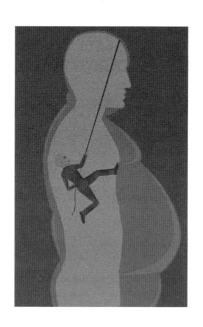

長壽以非 DNA 機制遺傳

以線蟲進行的實驗顯示：改變一種酵素不但能延長牠們的生命，而且長壽效果可超過幾個世代。

2009 年 10 月，美國史丹福大學遺傳學家安妮·布魯奈特（Anne Brunet）坐在她的辦公室裡，研究生艾瑞克·葛瑞爾（Eric Greer）來見她並詢問一個有些異端的問題，布魯奈特的實驗室研究人員最近知道調控一種酵素稱為 *SET*$_2$ 的量可延長線蟲的生命，葛瑞爾問道：「如果使用 *SET*$_2$ 可延長線線蟲生命期，是否也能同時影響其後代的壽命，即使後代具有正常的酵素量？」

此問題決非正統，布魯奈特解釋說，因為其碰觸到拉馬克的想法，你能遺傳後天獲得的特徵，生物學家相信這是錯誤的已經有好幾十年的時間。生物學家拉馬克（Jean-Baptiste Lamarck）在 1809 年提出理論認為生物在其生命期當中表現的特徵會在其後代增加；如一隻長頸鹿不斷地伸長脖子去吃樹頂的葉子，就會生出脖子更長的小長頸鹿，此種想法大部分不被達爾文的演化論（第一次發表於 1859 年）採信，但最近科學家已經開始體認出，一種生物的行為及環境可能的確會影響傳衍至後代的基因，此種後天獲得之遺傳性並非基於

DNA，而是圍繞一個基因分子結構的改變造成，當葛瑞爾在
2009 年帶著他有關線蟲及 *SET*₂ 的問題去找布魯奈特時，此
種「漸成基因」（epigenetic）遺傳性只有在簡單之特徵如眼
睛顏色、花朵對稱性及花色上被發現。

　　布魯奈特與葛瑞爾進一步實驗，結果發表於 2011 年 10
月 9 日的《自然》期刊，提出第一個證據：某些長壽的性質
能由親代傳衍至子代而不受 DNA 的直接影響，美國華盛頓大
學研究老化分子機制的馬特・凱伯萊恩（Matt Kaeberlein）
表示：他認為這是一個非常重要的發現，第一次證明老化能
被發生於過去世代的漸成基因改變所影響。

　　該研究使用攜帶 *SET*₂ 量極低的線蟲（Caenorhabditis
elegans），此酵素在正常情況下將甲基分子添加至 DNA 蛋
白質的組裝材料上，當如此進行時，該酵素打開組裝材料，
允許基因複製及表現，布魯奈特解釋某些這類基因似乎是「有
關老化的基因」（pro-aging genes），她的研究小組藉去除預
定製造酵素的基因將 *SET*₂ 剔除，此過程具有顯著延長線蟲生
命期的作用，假設是因為那些有關老化的基因不再表現。

　　下一步，讓長壽、缺乏酵素的線蟲與正常線蟲交配，其
後代具有製造 *SET*₂ 的正常基因，而且甚至表現出正常量的酵
素，但是牠們卻要比對照組線蟲（牠們的親代具有正常的生
命期）存活得久很多，延長生命的作用可傳衍至第三代線蟲，

但是在第四代（即原始突變線蟲的曾孫代）時回轉至正常狀態，在最初幾代線蟲（具有長壽的祖先）其生命期增加二十天至二十五天，平均延長線蟲的生命期 25% 至 30%。

　　布魯奈特與其研究小組還未能確定生命期延長的真正機制，或哪些分子具有此等作用，美國艾默瑞大學研究漸成基因轉錄記憶的大衛 • 卡茲（David Katz）表示，這是該研究不夠完美之一，不論如何，此作用明顯地是「漸成基因作用」（epigenesis），而長壽可能是與漸成基因遺傳有關的最複雜特徵之一。漸成基因作用能影響複雜特徵（像是生命期）的知識讓科學家感到好奇，想要找出有何其他特徵例如「疾病易感性」（disease susceptibility）、新陳代謝及發育模式等是可經由漸成基因性遺傳，因為漸成基因作用能被環境改變刺激，凱伯萊恩指出：這有可能某些這類特徵，可被父母親、祖父母或甚至曾祖父母對於環境及生活型態的選擇來決定（至少一部分）。

　　該研究的結果也令人興奮，因為預定製造 *SET*₂ 酵素的長壽基因存在於其他動物種類，包括

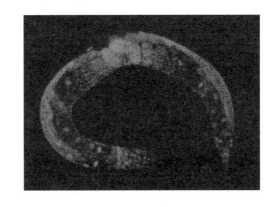

人類，布魯奈特表示她要檢視是否此結果能在脊椎動物身上複製出，例如魚類及哺乳類，但是這些問題在許多年內不會有答案，因為目前未知 SET_2 複合物在其他種類動物是否具有相同功能，同時因為那些種類動物每一世代的時間架構較長，布魯奈特解釋說：線蟲生命期非常短，是否此作用可應用於存活時間長過幾千倍的哺乳動物身上？科學家非常興奮地想要知道結果。

長壽以非傳統形式遺傳

非傳統形式的遺傳可延長線蟲生命。

美國加州史丹福大學遺傳學家安妮‧布魯奈特（Anne Brunet）的實驗室已經讓線蟲（Caenorhabditis elegans）後代獲得最終之遺傳性質：家族性長壽傾向，但是令人好奇的是，線蟲獲得此種性質無須遺傳到幸運 DNA 序列的遺產，相反地，線蟲顯示是以一種未預期的方式傳衍長壽：經由「漸成基因」（epigenetic）化學標記的遺傳作用，這些情況並未改變 DNA 序列，但它們接觸到 DNA 與蛋白質〔稱為「組蛋白」（histones）〕的複合物時卻影響基因表現，布魯奈特與她的同事在 2011 年 10 月 19 日的網路自然期刊報告此結果。

英國倫敦大學學院的基因學家大衛‧傑姆斯（David Gems）表示：這是一個新的原則來了解長壽之變異情況來自何處，他並未參與此研究。幾個基因表現的改變已經被認為會促長線蟲的生命期，這種蟲子在研究老化的科學家間備受寵愛，部分原因是由於牠們命短，大約只活二至三星期。

甲基標記

改變基因表現的一種方式為添加或去除化學標記〔（已知為「甲基群」（methyl groups）〕至 DNA 與組蛋白，布魯

奈特的研究小組過去顯示，線蟲可活得更久長達 30%，當牠們發生突變，影響到一種蛋白質及甲基群加入至組蛋白稱為 H3 特殊位置的複合物。如今該小組報告當突變已經發生於基因組後，此種延長之生命期能遺傳至線蟲的後代達三代，布魯奈特與她的小組還未檢視是否老化的身體徵象（在線蟲包括動作遲緩與生殖力降低）也受影響。布魯奈特解釋說，這是第一次，長壽已經被證明經由「漸成基因遺傳」（epigenetic inheritance）作用而傳衍至下一世代。

目前有其他例子顯示漸成基因遺傳具有功能，例如果蠅眼睛的顏色以及植物之「植物相對稱」（floral symmetry）及顏色，但是此過程仍然是個迷，瑞士蘇黎世聯邦技術研究院的漸成基因學家雷納透・帕洛（Renato Paro）表示：漸成基因標記被認為在卵及精子中已經清除乾淨，因此它們如何在下一代生物體中重新處於正確的位置上？此為「漸成基因作用」（epigenetics）之大哉問，我們所有人都想要知道。這有可能是漸成基因改變的位置多少被做過標識，或許以一種 RNA 分子或新陳代謝產物，布魯奈特表明她的實驗室正在尋找此等標記。

稀釋作用？

但不論機制為何，此情況不會持續永久，在布魯奈特的線蟲發生突變後到第四代時，牠們的生命期縮短至正常情況，

帕洛說這有可能，不論在過去三代動物標記如何可能指引甲基化作用，如今在每一代線蟲身上已經被稀釋。傑姆斯認為關鍵問題在於是否相同的長壽漸成基因遺傳作用會發生在其他動物身上，布魯奈特實驗室正對小鼠及非洲殺人魚測試此情況，某些種類動物的生命期只有十二星期。傑姆斯解釋說：擔心之處當然為此情況可能只發生於某些蟲子，他提出線蟲的生命期對個體基因的改變似乎特別敏感，而其他動物的老化現象有時證明要複雜得多，但至少這是起始點應該會鼓勵人們來進一步檢視。

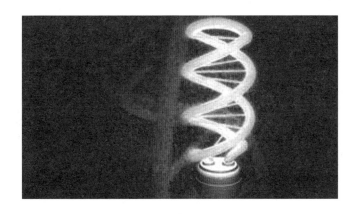

了解遺傳學的轉捩點——漸成基因作用

　　在 2011 年底有一篇研究發表於《自然》期刊，美國史丹福大學基因學家安妮‧布魯奈特（Anne Brunet）與其同事描述一連串實驗，在相同環境條件下飼養的線蟲會經歷大不相同的生命長度，某些個體活得特別久，而牠們的後代（雖然只有三代）命也活得長，明顯地，長壽的優點被遺傳，然而，這些蟲子不論長壽或短命，牠們在基因上卻是完全相同。

　　這類發現已經變得越來越常見，即某種遺傳差異無法以基因本身的變異來解釋，部分原因為科學家如今知道基因並非遺傳學的唯一作者，同時也有鬼魂作者存在，在第一眼，這些標記似乎十分普通如：甲基、乙醯、及磷酸群，黏住與 DNA 相連的蛋白質，或有時甚至黏住 DNA 本身，看起來最像是個揩油者，它們的形狀與組成基因 DNA 優雅的捲鬚差別極大，而它們短暫存在，在某種意義上是可擦拭掉，非常不像基因，基因已經傳衍下去經歷好些代有幾百萬年時間，但是後者的確潛伏著，並沈默地發揮它們的力量，改變 DNA 並控制基因，影響核酸及氨基酸產生混亂，為此原因許多科學家認為在二十世紀末這些物質的發現，成為我們了解遺傳學的轉振點，可能是近代生物學最大的革命之一：「漸成基因作用」（epigenetics）的出現。

漸成基因作用及染色絲狀態

在布魯奈特實驗室，漸成基因性遺傳是件大事，科學家發表於自然期刊的論文是第一篇描述應用於可越過幾代動物的長壽現象，他們探索對染色絲在遺傳學上的功能有較佳了解時，一個突破出現了。染色絲是蛋白質與 DNA 之緊密纖維，以密緻或鬆弛的狀態存在，在細胞分裂時採取密緻型態，為有利於染色體分裂來分布於子細胞中，然而當細胞未分裂時，許多纖維可能維持此種型態，結果處於這些纖維裡的基因以不活化的狀態被固定，換句話說，其他纖維拉長、放鬆並打開允許管制蛋白質接觸到 DNA 並活化基因。

某些漸成基因改變，例如甲基群結合至組蛋白（histone，像是捲線軸而 DNA 纏繞在其上，將染色絲重疊包裝起來），為維持纖維成為開啟狀態，但是改變是動態的，例如在動物發育時，化學分子以協調之模式接觸並由組蛋白或 DNA 分離，它們的流暢動作有助於持行重要功能，例如對不同種類之組織建立基因表現模式，以及關閉親代基因，已知為親代（或基因組）「印記作用」（imprinting）之現象。在生物生命期中的改變作用也能累積，因為某些這類結果可能影響 DNA 經由生殖系統（在卵及精子）傳衍而可能並非有益，它們在生殖期時被擦拭掉，而染色絲被回復至原始狀態，然而

此過程並不可靠，因此某些改變作用溜走了，以此種方式，親代 DNA 的染色絲改變並未被再程式化而傳衍至下一代。

線蟲長壽的漸成基因遺傳

越來越多的證據顯示在許多動物種類中漸成基因改變能越過多代而傳衍（經由許多代遺傳），例子包括哺乳動物的毛色，果蠅的眼睛顏色、花的對稱性、及如今線蟲的長壽等，這些發現令人興奮並提出許多有關漸成基因作用其性質似乎無限的有趣問題。

但是梳理出漸成基因改變及其作用的研究十分艱辛，為找出甲基化作用在線蟲長壽上的角色，布魯奈特與同事開始評估線蟲的生命期，牠們缺少三個基因中的一個，*ash-2*、*wdr-5*、或 *set-2*；從前已經發現減少或缺乏這些基因的表現會增加幾種動物的壽命，科學家然後將具有基因缺陷的線蟲與正常基因組成的線蟲交配，比較具典型孟德爾模式形成的野生種（基因正常）個體與攜帶基因改變之個體，量測並記錄這些不同組每一隻線蟲的壽命，與對照組（由野生種親代出生的野生種線蟲）比較，結果顯現與對照組基因完全相同但由突變親代出生的線蟲後代其存活時間長 20%~30%。因此，基因缺陷雖然並未被遺傳，卻已經影響某些種類的改變，賦予突變種其基因正常的後代具有突變動物本身所經歷之相同

生命長度，史丹福研究小組推論此種改變就是「甲基化作用」（methylation）。

ash-2、*wdr-5*、或 *set-2* 基因預定製造的蛋白質是組蛋白甲基化作用複合物（已知為 $H_3K_4me_3$）的一部分，在多種動物中被發現，範圍由酵母菌至人類，但是對於長壽遺傳性背後的機制並不清楚，如布魯奈特解釋：我們並未觀察到由缺乏 $H_3K_4me_3$ 突變種線蟲產生之基因野生種後代其 $H_3K_4me_3$ 整體的量有減少的情況，科學家解釋 $H_3K_4me_3$ 整體量的減少並非由漸成基因作用所遺傳。因此，該小組目前採用的模式為，當蛋白質稀少或缺乏時，在基因組特殊位置上失去 $H_3K_4me_3$ 甲基化作用，而與長壽有關染色絲狀態的改變，或可能其他種類的改變（如非編碼 RNAs），被傳遞至下一代。

人類後天獲得之特徵會超越代數遺傳

漸成基因作用已經給予拉馬克主義新的生命，而從前被丟棄的想法即在個人生命中獲得之特徵的確是可以遺傳的，事實上，許多科學家已經越來越熱衷於此種想法，布魯奈特表示：這些現象似乎重新接受拉馬克的觀念（在有限案例中），除了孟德爾的遺傳學之外，此情況可改變我們對於遺傳的了解，其已添加了其他組成，雖然數量可能較少，但總是存在著。這對我們的每日生活也添加了其他層次的重要性，

許多環境因子（由營養、溫度至化學物質）都可改變基因的表現，而那些能穿透入生殖系統染色絲並逃過再程式化作用的因子，在理論上都可被傳衍至我們的小孩並甚至可能傳至我們的孫子。

但是當幾個研究提出超越幾代的漸成基因遺傳性能發生於人類時，卻沒有實際證據存在，目前比較可說服他人的案例包括在二十世紀中期使用合成之雌激素化合物diethylstilbestrol（（DES）來預防懷孕婦女人流產，然而DES會大量增加生產缺陷的危險，其也與女兒產生陰道癌及乳癌的危險增加有關，而婦女懷孕時暴露於DES其孫女發生卵巢癌的危險也會增加，小鼠研究建議新生兒暴露於DES會引起子宮發育時基因甲基化作用異常而產生子宮癌；在小鼠這些異常情況仍然存在於兩代之後的動物，建議這是一種跨越多代的影響。

如果被遺傳之漸成基因改變具有難以捉摸的性質（似乎是如此），則不論經過幾十年的研究，科學家仍然處於了解的邊緣，不論如何，即使受到限制，其被遺傳之可能性似乎是無窮的，漸成基因改變必須在生殖系統中影響基因表現，這是即使基因突變也極少達到的結果，但是如肥胖、糖尿病及自閉症等疾病的盛行率沖天而起，在大部分病例中它們沒有清晰的基因病因，如布魯奈特所指出：似乎所有複雜過程

都受到漸成基因作用的影響。當科學家持續尋找人類超越多
代漸成基因遺傳之確切證據時，目前呈現的事實建議我們的
生活型態及我們所吃入、飲用及呼吸的物質都可能直接影響
我們後代基因的健康。

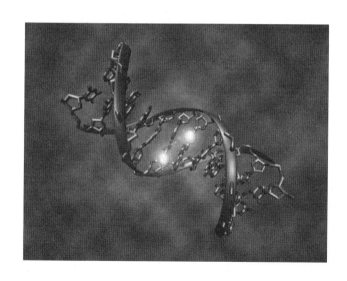

心靈中隱藏的開關

實驗可能以令人驚奇的方式對精神疾病有所貢獻：藉引起「漸成基因改變」，將基因開啟或關閉而無須改變基因本身。

馬特是一位歷史老師，他的雙胞胎兄弟葛瑞格是一個藥物上癮者，（他們的名字都經過改變以保護他們）他們在美國波士頓地區長大，兩個男孩在高中時都正常：在教室裡他們都是用功的學生而在操場上也是優秀的運動員，且與同學相處良好，像許多年輕人一樣，兄弟倆偶而偷偷喝點啤酒或抽根煙，而且吸點大麻，然後在大學裡他們嘗試吸食古柯鹼，而此種經驗讓葛瑞格的生命出軌。剛開始，他還可以功能正常，參與上課並與朋友維持聯繫，但是迅速地藥物變得是最重要的事，於是葛瑞格脫離學校並在零售及速食連鎖店進行一連串卑微的工作，他極少維持一個職位超過一、兩個月，通常由於忽略太多工作或與顧客及同事爭吵而被開除，他的行為變得愈來愈古怪（有時具暴力性），而由於偷竊來維持他的習性而一再被逮捕，在治療上的多重努力都一再失敗，三十三歲那年葛瑞格被法庭送至精神病院來評估精神狀況，他窮困且無家室：被家庭斷絕關係，同時成為上癮行為的俘虜。

　　何者是造成葛瑞格對於古柯鹼如此易感的女妖的歌曲（就此點而言藥物主要摧毀了他的生命）？而他的雙胞胎兄弟（分享完全一樣的基因）如何逃過相似的命運？暴露於藥物如何能讓某些人一輩子上癮，然而其他人卻能度過他們年輕時的輕率行為並可繼續進行具生產力的生活？這些問題並不新穎，但是神經科學家開始採取一種全新的方式來找出答案，借自其他領域的第一次發現，在過去十年研究胚胎發育及癌症的生物學家已經發現大量的分子機制，其允許環境改變基因如何行事而未改變它們所具有的資訊，與突變基因相反，這些「漸成基因改變」（epigenetic modifications）以多種方式標識它們，能在生命中某些場合改變基因如何活化。

　　如今艾瑞克・奈斯特勒（Eric J. Nestler）的實驗室及其他在此領域的科學家都發現訊息：由藥物使用或慢性壓力引起的漸成基因改變能改變大腦對經驗起反應的方式，指示一個人對上癮行為、憂鬱症或其他精神異常症以彈性或屈服的方式起反應，雖然我們對於在基因與環境間此種強有力的分子相互作用的了解仍然處於最早期階段，但是希望我們所學到的知識可能改良這些破壞身體健康疾病的治療方法，而且甚至可能對精神疾病如何能代代相傳的情況有新的洞察力。

基因之外

　　我們努力解開漸成基因對於精神疾病症的影響，協助填滿早期幾十年研究上癮行為、憂鬱症、自必症、精神分裂症

及其他精神異常症的基因根源時所留下之空隙，像大部分常見醫學疾病，這些神經性苦惱具高度遺傳性：大約一半上癮行為或憂鬱症的危險是遺傳的，這要大於高血壓或大部分癌症的遺傳危險性，但是基因並非一切，當我們見到葛瑞格及馬特時，即使他們具有完全相同的基因，卻並不保證這兩個人會罹患相同疾病，相反地由於環境因子讓遺傳敏感性個人陷入精神異常症（如暴露於藥物或壓力），並且甚至被發育期間發生的隨機分子事件影響，沒有兩個人具有完全相同的經驗或發育史。

因此問題變成：藉何種機制此等因子能導致精神疾病？就一個層次而言，答案十分明顯：先天與後天和在大腦的神經細胞裡共處，這些細胞處理每一件我們經歷的事，如是否正在觀賞電影，相互擁抱、吸古柯鹼或想到晚餐吃什麼，然後藉釋放及認出稱為神經傳導物的化學物質來彼此分享資訊，被特殊神經傳導物作用的基因能協助

神經細胞如何對一種經驗起反應，並最終型塑某種個別行為的方式。許多這些影響只短暫作用，例如，暴露於古柯鹼將活化大腦裡的獎賞中心，導致暫時的欣快感，這種感覺會迅速消退，然後系統重新設定本身。仍然神秘的是：藥物、壓力或其他經驗如何能產生長期作用，引起一個人屈從於憂鬱症或上癮行為，許多神經科學家開始考慮，這就是漸成基因作用所來自之處。

作出標記

要了解為何漸成基因作用已經吸引我們的注意力，幫助知道少許有關基因活性如何被管制的知識，簡言之，一個基因是一段 DNA，典型特化某種蛋白質的組成；蛋白質在細胞中進行大部分功能，因此控制細胞的行為，此 DNA 並非偶然地進入細胞核，而是捲起來圍繞著許多蛋白質聚集物稱為組蛋白（像線捲在線軸上），然後進一步結合成我們稱為染色體的構造，染色體內的蛋白質與 DNA 結合已知為「染色絲」（chromatin）。

此種 DNA 的包裝不只讓細胞核更緊密，也協助管制其中基因的行為，較緊密的疊合傾向使基因維持在一種不活化的狀態，防止接觸將基因開啟的機制，例如在一個神經細胞中，預定製造肝臟酵素的基因被推離緊密重疊的染色體位置，然而當一個基因被需要時，基因所在的 DNA 段落些微展開，使基因接觸到將 DNA 轉錄成為 RNA 的細胞機制，在大部分情況，此 RNA 將作為一個模版來製造預定的蛋白質，例如刺激一個神經元時，可能增使細胞促進基因預定製造某些神經傳導物的轉錄作用，導致那些傳遞訊息分子的合成作用增加。

是否一段染色絲鬆開（主導活化作用）或壓縮（永久或暫時關閉）被漸成基因標記所影響：連接於原處的組蛋白或 DNA 本身的化學標籤，這些標籤會採用多種形式並一起製造

某種密碼指示染色絲應如何緊密聚合及下面的基因是否必須被轉錄（參見下圖），個別基因的活性可能有多寡，根據其染色絲如何被標示而定。

　　許多不同酵素造成漸成基因改變，某些酵素加入化學標籤而某些將其去除，美國洛克菲勒大學的大衛・亞歷斯（C. David Allis），是此領域的領先者，他稱呼這些酵素為漸成基因密碼的「寫入者」（writers）及拭除者（erasers），例如，一種酵素稱為「組蛋白乙醯轉化酶」（histone acetyltransferase），將一個「乙醯群」（acetyl group）連接到組蛋白上，是一個寫入者，而一種「組蛋白去乙醯酶」（histone deacetylase）去除此種標記，就是一個拭除者，然後標記吸引其他蛋白質成為「讀者」（reader），讀者結合至特殊漸成基因標籤，而且藉招募其他管制蛋白質（刺激或抑制此處基因的轉錄作用）能鬆開或壓縮周圍的染色絲，組蛋

幼鼠長大成為勤快、放鬆的母鼠。

勤快的母親照顧去除甲基標記。

幼鼠出生後某些特殊基因上攜帶甲基標記。

幼鼠長大成為焦慮、不勤快的母鼠。

不勤快地照顧幼鼠使得甲基標記添加至基因上。

白被高度乙醯化，例如吸引讀者傾向打開染色絲及其他蛋白質促進基因活化作用，相反地組蛋白如攜帶大量甲基群，會吸引讀者能抑制或刺激轉錄作用，根據甲基標記的真正位置而定。

環境能藉管制漸成基因寫作者及拭除者的行為影響基因活性，因此貼標籤及再建構染色絲，有時標籤只持續短時間，例如藉產生持續之神經傳導物釋放允許一個神經細胞對強烈刺激產生快速反應，標籤時常停留幾個月或幾年（或甚至生物的一輩子時間）：例如形成記憶過程加強或減弱神經的連接。添加及去除乙醯及甲基群（及其他標記）能因此協助大腦對環境挑戰起反應並適應，然而奈斯特勒及其他科學家的實驗室如今在動物研究中發現，這些有利的漸成基因過程會在多種情況下例如上癮行為及憂鬱症上出錯，改變正常漸成基因狀況可能活化渴求行為，包括克服的感覺或否則讓動物產生終身錯誤之適應行為，檢視人類大腦組織（死後取得大腦），建議在人類可能呈現相同方式。

主導上癮行為

與上癮行為有關的發現，建立在過去對於濫用藥物如何奪取大腦內自然愉悅中心的瞭解，例如許多研究，已經鑑定出對古柯鹼、嗎啡或其他上癮物質反應之基因活化作用徹底改變，即使禁用藥物幾個月後，某些這類基因「表現」

（expression）的改變仍然顯現，雖然研究人員堅持解釋持續作用之下的機制，假使漸成基因改變具有長期作用，大約十年前，奈斯特勒的實驗室開始藉改變漸成基因標籤，檢視是否古柯鹼會改變大腦愉悅中心的基因活性，古柯檢是一種強力藥物，在動物的成癮性如人類一樣，因此，在實驗室設備中其長期影響能立即加以研究。

由量測信使者 RNA 的濃度（直接讀出基因活性）發現，單一劑量的古柯鹼能誘發基因表現上強韌及廣泛的改變，小鼠接受第一劑古柯鹼注射一個小時後，幾乎有一百個基因被新開啟，甚至更有趣的是當動物長期暴露於古柯鹼後所發生之事，如果每天急性短期暴露於古柯鹼後被開啟的少許基因會沉默下來，這些基因對藥物變得「去敏感化」（desensitized）。然而多得多的基因表現剛好相反：雖然對最初暴露於古柯鹼它們變得短暫活化，長期暴露於藥物卻促進其活性量甚至更高，在某些案例中在動物最後注射後活化時間可長達幾個星期，更甚的是，即使動物已經不再暴露於藥物一段時間後，這些基因對古柯鹼仍然維持高度敏感，長期使用古柯鹼因此主導這些基因未來的活化作用，重要的是，允許它們「記住」藥物的獎賞作用，此種主導性也設定動物會復發、並走上上癮的路，顯現升高的敏感度奠基於基因之漸因改變。

　　使用強大技術將整個小鼠基因組上的漸成基因標記進行分類，科學家已經能夠證明長期古柯鹼之使用能在大腦的獎賞中心內選擇性地在幾百個基因上再重組乙醯及甲基標籤的集合，綜合言之，這些改變傾向鬆解染色絲的結構，呈現出這些基因更趨向被後來暴露於古柯鹼所活化，再次，許多這些改變是短暫的，在動物接受藥物後僅持續幾個小時，然而某些改變持續時間長得多：科學家已經紀錄到改變持續至少一個月，而且正開始檢視甚至更長時間。

　　研究人員也開始處理造成這些持續改變的機制，在奈斯特勒實驗室，科學家發現長期施用古柯鹼會減弱某些去除乙醯群的拭除者活性，以及某些特殊寫入者會添加抑制性甲基群，更高度被乙醯化的染色絲（或較少被甲基化）仍然形成更開放及鬆弛的狀態，使其內基因的活化更能改變，長期古柯鹼暴露也操弄大腦獎賞中心中其他寫入者及拭除者的活性，使其喚醒一連串有利於漸成基因活化作用的基因標記，為支持此項觀察，科學家以人為方式扭曲這些寫入者及消除者的活性來模擬長期藥物使用後之作用，他們發現無須真正使用濫用藥物，就能引起動物對古柯鹼愉悅效果更敏感，這是上癮作用的證明之一。在長期使用古柯鹼之後，寫作者與拭除者活性之改變也成為長期性，這可能解釋被標識基因其活性的長期改變，即動物對許多未來經驗的反應方式，因為

大腦的獎賞中心對如此多的刺激起反應（包括食物與性），操弄此中心內神經元的活性就能根本改變動物的行為方式。

憂鬱症標記

影響長期行為的神經適應性也處於大部分慢性、虛弱及常見精神疾病之下：如憂鬱症，像是上癮作用，此種異常症的各個層面都可立即在動物身上研究，在奈斯特勒實驗室已經針對長期社會挫折以小鼠作研究，將態度溫和的雄性小鼠與較具侵略性的動物成對關在一起，被霸凌十天後，較溫馴的小鼠呈現許多人類憂鬱症的徵兆：牠們不再享受愉快的活動（如性與吃甜食），而且變得更加焦慮及畏縮且較無進取性；牠們甚至吃得過多至變得肥胖，某些這類改變持續好幾個月，如果使用治療人類憂鬱症的相同抗憂鬱藥物長期處理就可反轉此情況。

更進一步密切觀察小鼠的 DNA，我們見到在大腦的獎賞中心中大約二千個基因發生漸成基因改變，對一千二百個這些基因，我們量測到一種特殊漸成基因標記增加（組蛋白甲基化作用抑制基因活性的一種形式），因此似乎憂鬱症可能關閉能活化大腦部位（此部位讓動物感覺良好）十分重要的基因，產生一種「分子疤痕」（molecular scar），科學家發現許多這類壓力誘發之改變，如果以 imipramine 治療小鼠一個月後可能被反轉，這是一種廣泛使用的抗憂鬱藥物處方，

類似之漸成基因改變已經在人類大腦檢體被偵測，這些人在死亡時罹患憂鬱症。

雖然憂鬱症在人類是一種常見的問題，但並非所有人都同樣容易罹患，而科學家發現在小鼠也是如此，大約三分之一的公小鼠接受每天一劑社會挫折之打擊，似乎對憂鬱症有抗拒力：不論是針對相同之冷酷壓力，牠們沒有顯現較敏感的同伴對於憂鬱症所表現之畏縮或冷淡行為，此種彈性下降到達牠們基因的層次，科學家在敏感小鼠見到的許多壓力誘發的漸成基因改變並未發生於具彈性的小鼠身上，相反地這些動物在獎賞中心顯示額外一套基因的漸成基因改變，在憂鬱小鼠並未發生類似變化，該發現建議此種替代性改變模式具有保護作用，而彈性不只是缺乏易感性；而是包括一種活化的漸成基因計畫，能被召喚與長期壓力的影響作戰。

科學家也發現在彈性小鼠被漸成基因改變的保護基因，與以 imipramine 治療的憂鬱小鼠其活性被恢復至正常的基因相同，這些基因的次類已知會促進大腦獎賞中心的活性，因此能防止憂鬱症，這些觀察提升了如下的可能性：即在人類，抗憂鬱藥物藉活化某些相同之保護漸成基因計畫（在較不容易產生憂鬱症的人身上具有功能）可能產生療效，如果如此，除了搜尋抑制長期壓力不良作用的藥物之外，我們也一定能夠鑑定出促進大腦自然彈性機制的藥物。

母親的遺產

目前已經見到以上所討論的作用持續了一個月，是科學家所觀察到的最長時間，但是漸成基因改變能促進持續一輩子的行為改變，如加拿大馬基爾大學的麥可·敏尼（Michael Meaney）與其同事已經證明，他已經觀察到母親照顧對於漸成基因改變的影響，並對後代後續的行為產生影響。研究人員觀察到某些大鼠會展現高度的撫育行為，如對牠們的小鼠舔舐及梳毛，當受到干擾時，較活躍母鼠照顧的後代比被動母鼠的後代比較不焦躁，同時產生較少壓力賀爾蒙，更甚的是，會照顧母鼠養育的雌性後代牠們自身變成會養育後代的母鼠。

敏尼的研究小組持續顯示母親的行為的影響係經由漸成基因機制所調控（至少部分如此），在一個預定製造「糖皮質素受體」（glucocorticoid receptor，這是一種蛋白質，存在於體內大部分細胞中，負責調控動物對壓力賀爾蒙皮質醇的反應）基因上的管制序列中，受到被動母鼠養育的幼鼠比受到大量照顧的幼鼠顯現較多 DNA 甲基化作用，此種過度之甲基化作用（在海馬中偵測出，與學習及記憶有關的大腦部位）引起神經細胞製造較少量的受體，由於海馬中糖皮質素受體的活化作用實際上傳送訊息到身體降低皮質醇的製造，漸成基因性受體數目減少就惡化了動物壓力反應，使得牠們

更焦慮及恐懼，此種特徵持續整個一生。在糖皮質素受體上的作用可能只是故事的一部份，美國哥倫比亞大學的法蘭西斯 · 香檳（Frances Champagne）與她的研究小組已經發現在幼鼠預訂製造雌激素受體的基因上有類似的漸成基因差異，這些幼鼠被主動及被動母鼠養育，因此有可能，許多其他基因的漸成基因標記將顯示被包括於針對如母親行為般複雜事務之再程式化反應中，也就是遺傳作用。

在此情況下，似乎在動物一個基因產生之漸成基因改變實際上可被處理並傳遞給下一代，即使此改變並未經由生殖細胞，母鼠的行為改變幼鼠大腦中基因的漸成基因管制，然後幼鼠呈現相同行為，又改變了其幼鼠漸成基因標記作用與行為，如此不斷繼續進行下去。

漸成基因治療

在未來幾十年，一個關鍵性挑戰將是探索我們所學習到有關漸成基因改變及行為的知識，來發展更好的之方法治療多種精神異常症，例如在奈斯特勒與其他人的實驗室已經發現能讓乙醯群覆蓋組蛋白的藥物（藉抑制去除那些標記的酵素）具有強力之抗憂鬱藥物作用，更進一步，雖然被動母親之照顧與 DNA 甲基化作用的改變有關，敏尼已經發現相同藥物能增進養育行為（因為加強之乙醯化作用能對抗太多甲基化作用產生之抑制情況）。

雖然這些結果看起來有希望，但是目前市場上的抑制劑在對抗精神疾病方面不太管用，乙醯拭除劑（組蛋白去乙醯酶）管制整個大腦及全身細胞中的，因此不分青紅皂白地使漸成基因標記作用失效的藥物會產生嚴重副作用而且會有毒性，一種替代方法將是製造可選擇性抑制組蛋白去乙醯酶的藥物，在特殊精神疾病中最受影響之大腦部位（例如獎賞中心）裡這種酵素特別多，另一種選擇將是鑑定出大腦裡漸成基因改變所包括的新奇蛋白質，然而最終，最有收獲的方法可能是確定在憂鬱症或上癮行為上哪些基因是漸成基因改變的對象：製造特殊神經傳導物受體的基因或訊息蛋白質，例如包括於神經活化作用中的基因或蛋白質，然後科學家能集中力量針對那些特殊基因（或基因的蛋白質產物）的活性來直接設計藥物。

傳衍

目前仍需要確定的一個有趣的問題是：伴隨可遺傳神經精神疾病之漸成基因改變程度為何？在敏尼的實驗中，大鼠由其母鼠「遺傳」（inherit）了某些行為模式（以及伴隨之漸成基因模式），但是這些直接受到行為影響的改變是發生於大腦，它們並未對新形成胚胎裡生殖細胞中的基因作標記來傳遞，另一個更煽動性的問題是：此等經驗能否引起精子及卵細胞中的漸成基因改變，然後能直接傳衍至個體的後代？

　　這當然並非牽強地認為長期壓力或藥物濫用可改變精子或卵當中基因的活性；終究，壓力賀爾蒙及藥物並非局限於大腦而是充滿全身，包括睪丸及卵巢，然而難以了解的是，在生殖細胞中此等改變如何越過許多代可被維持下去，後天獲得的漸成基因改變在形成精子及卵的細胞分裂時被拭除，同時，如果存在於胚胎內，改變如何只選擇大腦的多種部位或動物成體的內分泌器官會終結基因活性的影響？

　　然而，有趣的研究工作提示某些漸成基因改變可能會遺傳，有幾個研究團隊已經發現由長期受到壓力的齧齒類動物生出的後代對壓力特別敏感，例如，瑞士蘇黎世大學的伊莎貝菈‧曼蘇（Isabelle Mansuy）與其同事針對剛出生兩週內的小鼠幼鼠與母鼠分離研究，發現在其成年時雄性後代呈現憂鬱症徵狀，當這些雄姓小鼠與正常雌鼠交配後，所生產的幼鼠後代也顯現如成鼠般類似之憂鬱症行為，即使牠們在成長時並未受到壓力，此種容易受壓力作用的可傳遞性與在精子及大腦內幾個特殊基因其 DNA 甲基化作用被改變之程度有關。

　　奈斯特勒實驗室也利用其社會挫折模式進行類似的研究，科學家針對遭受長期壓力的雄性小鼠，等待一個月後讓這些雄性小鼠交配，並發現他們的後代幼鼠顯現對憂鬱症的敏感性大量增加，然後進一步再進行實驗，如果漸成基因改

變使得小鼠對憂鬱症的易感性真正可遺傳，那麼這些改變必須能到達動物的生殖細胞，因此科學家由受霸凌的雄性小鼠取得精子，並與取自正常雌性小鼠的卵受精，結果發現此種人為結合的後代幾乎完全正常：牠們只顯示些微出現畏縮行為及焦慮，證明來自牠們的父親。

此實驗並非絕對，因為漸成基因標記在體外受精過程中可能有時會由精子裡被去除，然而結果建議與受威脅公鼠交配的母鼠與正常公鼠交配的母鼠相比，牠們對待幼鼠的方式不同，或幼鼠從未遇見父親，結果，後代動物的憂鬱症可能奠基於早期的行為經驗，而非來自經由精子或卵所攜帶之直接漸成基因遺傳性。這並非表示此種越過代與代的傳衍不可能發生，然而目前科學家沒有絕對證據指出此情況的確發生，為強調此問題，科學家必須發展實驗工具可使得他們來鑑定在生殖細胞中的相關漸成基因改變，並確立這些改變同時為必需及足以誘發所觀察到的特徵傳衍情況。

十八世紀生物學家拉馬克（Jean-Baptiste Lamarck）為人所知的是他認為後天獲得之特性可遺傳的理論，根據此種想法，生物一輩子所挑檢的特徵（例如運動良好的肌肉組織），可被傳遞給他們的後代，當然，我們知道一個人的基因如何主導決定其生理與功能，在同時，科學家對經由發育期及成年期暴露於環境及不同經驗（包括隨機發生）後能改變我們

基因的活性（因此，這些特徵處理自身的方式）上越來越感到興趣，而我們如今知道漸成基因機制調控此種先天與後天間之交互作用，我們仍然有更多研究要做，來充分了解漸成基因如何（及何種程度）影響我們的行為特性及對精神疾病的易感性，以及是否此種特性能被傳衍至未來後代，無疑地拉馬克與其評論者在將樂於爭辯其可能性。

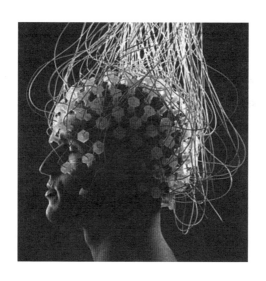

研究漸成基因組──決定各種標記

釋出不屬 DNA 之非基因改變標示地圖預期可對付複雜的人類疾病。

2010 年 10 月 6 日「道路圖漸成基因組計畫」（the Roadmap Epigenomics Project）〔花費一億七千萬美元的研究工作來鑑定並繪製這些標記，合起來稱為「人類漸成基因組」（human epigenome）〕，開始釋出其第一個內容豐富的數據，然而這不是世界上唯一的成果（*Nature* 463, 596-597; 2010），美國國家衛生研究院的漸成基因組計畫是最具野心之一，新釋出的數據包括超過三百張在五十六種細胞與組織形態內漸成基因改變的地圖，並代表朝向完整漸成基因組進行的重大一步，這是 DNA 可被改變之所有方式的完整圖形，由此揭露「漸成基因作用」（epigenetics）對於細胞發育及其在複雜疾病中角色的影響（見圖）。

不同漸成基因機制管制基因表現，這些包括在組蛋白（基因組 DNA 纏繞在其周圍）上不同種類的改變；甲基群連接至 DNA 的核苷酸「胞嘧啶」（cytosine）上，【這種改變被認為會關閉基因】；對一種稱為 DNase I 酵素高度敏感的部位，其分裂可接觸到的 DNA 並在基因管制區作標記；及 RNA 轉

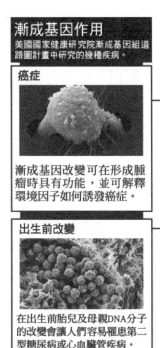

漸成基因作用
美國國家健康研究院漸成基因組道路圖計畫中研究的幾種疾病。

癌症

漸成基因改變可在形成腫瘤時具有功能，並可解釋環境因子如何誘發癌症。

出生前改變

在出生前胎兒及母親DNA分子的改變會讓人們容易罹患第二型糖尿病或心血臟管疾病。

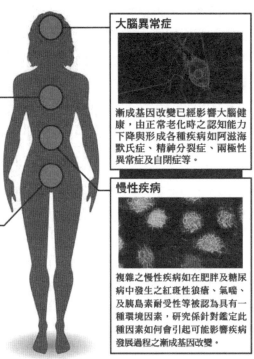

大腦異常症

漸成基因改變已經影響大腦健康，由正常老化時之認知能力下降與形成各種疾病如阿滋海默氏症、精神分裂症、兩極性異常症及自閉症等。

慢性疾病

複雜之慢性疾病如在肥胖及糖尿病中發生之紅斑性狼瘡、氣喘、及胰島素耐受性等被認為具有一種環境因素，研究係針對鑑定此種因素如何會引起可能影響疾病發展過程之漸成基因改變。

譯，這雖然不是 DNA 標記，卻能量測總體漸成基因的狀態，顯示在不同細胞中某個特殊基因能製造多少種蛋白質，美國國家衛生研究院計畫研發出一種標準程序來量測以上四種因子，以及賦予美國四個已設計之工作中心一項任務，即製造胚胎幹細胞中每一種改變的參考地圖，包括「誘發性多能幹細胞」（pluripotent cells）及幾百種原始成體組織及胚胎組織。

　　該計畫預定繼續進行五年，美國國家藥物濫用研究院的

行為基因學家約翰‧賽特立（John Satterlee）解釋：目的是針對研究疾病有用的大量細胞種類繪製地圖，並以經費支持特殊疾病的研究及研發新技術，他同時是計畫協調人之一。

不同反應

某些科學家已經對於繪圖組成之「大科學」（big science）方法感到警惕，害怕其將激盪產生與原先要強調之生物問題無關的數據，其他人質疑參考地圖對研究特殊疾病科學家有利的想法，研究人員將仍然必須製造他們自己的地圖，使用由沒有疾病的人身上取到的細胞，因為大部分研究係比較病人與健康對照組，他們之間的因子例如年齡或性別必須吻合。

美國紐約愛因斯坦醫學院的約翰‧葛瑞里（John Greally）表示，他的計畫是漸成基因組因子影響發育中胚胎並引起腎臟疾病，接受來自美國國家衛生研究院機構的研究經費。他接著說明，更加由於四個美國製圖中心使用高度多功能技術來繪製它們的參考地圖，而個別實驗室大部分卻使用較簡單、較便宜的方法來決定漸成基因標記，因此他們的數據與參考地圖比較可能有些詭異，他解釋說：得到繪製資訊其本身就十分有價值，但是焦點必須在於你如何使用此種資訊來瞭解疾病。

在目前，許多研究人員社群大部分都不曉得此種努力
存在，美國加州沙克生物研究所的植物及分子生物學家約瑟
夫・艾可（Joseph Ecker）表示：我們好像處於一種不明朗
的情況下。他的實驗室正與一個製圖中心共同研究繪製 DNA
甲基化作用的參考地圖，他說明，新釋出的數據一定會將該
計畫推動至某個點，在此資訊能被不同領域的研究人員廣泛
使用。

賽特立提示製圖組成只是計畫中的一支而已，花費總
預算中大約五百零七十萬美元，其餘經費則是流向個別研究
人員的計畫，五十三個人已經獲得經費支持，的確，美國紐
約哥倫比亞大學的細胞生物學家班哲明・泰寇（Benjamin
Tycko）指出，他的研究〈阿茲海默氏症中 DNA 甲基化作用
的角色〉是由該計畫經費支持，藉支持實驗室中不同疾病專
家之研究，他們已經實際上能適應小型實驗室的研究方式。

5.

邊緣性人格異常症與大腦構造

邊緣性人格異常症的神秘

醫生習慣給疾病起一個具詩意的名稱，臨床醫生會談到消耗作用因為疾病似乎將病人由體內吃光，如今我們只使用引起疾病的細菌名稱：如結核病，然而心理學仍然是一種專業，其部分之實作是科學而部分是語言的藝術。

因為我們對於心靈苦惱的知識仍然如此有限，心理學家即使在寫作學術出版品時，仍然利用隱喻來了解困難的異常症，而且可能所有最困難的是其深度，因而最有創意的命名是聽起來神秘的「邊緣性人格異常症」（borderline personality disorder, BPD），美國華盛頓大學心理學家瑪莎·琳翰（Marsa Linehan）是世界上研究邊緣性人格異常症領先專家之一，她以此方式描述：「邊緣性人格異常症患者在心理上相當於第三度燒傷病人，說起來他們簡單地只是沒有『情緒外皮』（emotional skin），即使最輕微地接觸或動作就會產生巨大痛苦。」

邊緣性人格異常症病患是心理學家最感到害怕的病人，他們多達 75% 會傷害自己，而且大約 10% 會去自殺，一種異常高的自殺率（相較之下，情緒異常症的自殺率約為 6%），邊緣性人格異常症病患似乎不具有內在管理能力；他們能夠

幾乎同時產生深愛與狂怒的情緒，他們與親近他們的人具有強力關連同時對失去這些人的可能性感到恐懼，然而卻如此未預期地攻擊那些人，他們時常保證害怕自暴自棄，當他們想要持有時，卻相反地用抓取的，許多治療人員對於如何治療邊緣性人格異常症沒有任何頭緒，然且疾病的診斷似乎仍然不斷上升。

2008 年有一個對將近三萬五千位成年人的研究發表於《臨床精神病學》期刊，發現 5.9%（即一千八百萬個美國人）已經被診斷出發生邊緣性人格異常症，近至 2000 年時，美國精神疾病學會相信只有 2% 的人罹患邊緣性人格異常症（相反地，臨床醫生診斷大約 1% 的人口產生兩極性異常症及精神分裂症），邊緣性人格異常症長期被認為是一種不成比例地影響女人的疾病，但是最新研究顯示在男人與女人間的盛行率並沒有差異，無關性別，二十多歲的人要比年長者或年輕者具有較大得病的危險。

界定邊緣性人格異常症（並使其如此具爆炸性）的因素是受苦者沒有能力來校正他們的感覺及行為，當面對一項使他們憂鬱或憤怒的事件時，他們時常變得極為傷心或激憤，此等問題可能被衝動行為惡化：如過度進食或毒品濫用；自殺企圖；有意地自我傷害（邊緣性人格異常症病患所選擇自我傷害的方法會具有令人毛骨悚然的創意，心理學家曾表示

有一個女人使用指甲剪拔出她皮膚裡的許多小碎片）。

　　無人曉得真正何種原因引起邊緣性人格異常症，但是家庭中基因與環境的不幸〔即「先天與後天」（nature-nurture）〕結合是可能的主犯，琳翰已經發現某些邊緣性人格異常症患者來自虐待他們的家庭，而某些人來自鬱悶難受的家庭，在其兒童期時被告訴如果他們必須哭泣的話要回到他們的房間去，而某些人來自正常家庭，但是在被經濟或健康照顧危機壓力受到扭曲，而且無法提供兒童適當確認及情緒指導，「兒童未學習到如何了解、顯示、管理或忍受情緒反應，相反地卻學到在情緒壓抑與極端情緒變化間擺盪。」琳翰與其同事在一篇論文中如此寫道，將發表於一個卓越期刊《心理學報告》（*Psycological Bulletin*）。

　　那些罹患邊緣性人格異常症者通常如同罪犯般在媒體中出現，在過去十年，在主要報紙發表的幾百篇故事已經重新認定暴力犯罪是由那些被認為具有邊緣性人格異常症患者所為，2008 年典型的案例為一位被認為是邊緣性人格異常症患者的加拿大安大略男人的恐怖故事，他使用一把螺絲起子挖出他妻子的右眼珠（結果她活下來；而他被判刑十四年）。

　　目前有幾個理論提出，有關為何邊緣性人格異常症診斷的病例數可能增加，簡單解釋是因為在治療普通情緒問題像是短期憂鬱症上獲得進步，可以獲得更多健康照顧資源來鑑

定困難異常症像是邊緣性人格異常症，另一種解釋具有希望：即在過去幾年內邊緣性人格異常症治療已經大幅改進，直到最近，邊緣性人格異常症的診斷被認為是「死刑」（death sentence），如美國密西根大學的甘迺迪・希爾克（Kenneth Silk）博士在2008年4月份《美國精神疾病學》期刊（*American Journal of Psychiatry*）所敘述，臨床醫生時常避免說出疾病的名稱，同時相反地告訴病人他們罹患的是較未污名化的異常症。

治療方法的改善已經改變了前景，由1991年開始，如喬伊・巴黎士（Joel Paris）在他2008年的書《邊緣性人格異常症的治療方法》（*Treatment of Borderline Personality Disorder*）中指出，對於邊緣性人格異常症研究人員已經使用不同心理治療法進行至少17次隨機試驗，大部分顯現具有希望的結果，依據一個哈佛大學的大型計畫稱為「麥克林成年人發育研究」（McLean Study of Adult Development），在開始治療十年後，接受邊緣性人格異常症診斷的人有88%不再符合此異常症的標準，大部分人在一年內顯示獲得某些改善。

仍然，邊緣性人格異常症診斷的增加可能顯現某些有關我們特殊歷史時刻之事件，就文化上而言，每一個年齡層都具有其特有的精神崩潰疾病，在1950年代，一個戰後創傷的時代，核子恐懼及「自我醫療之三杯馬丁尼午餐」（self-medicating three-martini lunch），這些是焦慮症（在 1956 年，五十位美國人中有一位規律性地服用使情緒麻木的鎮靜劑如 Miltown，這是一種化學性藥物，可與今日幫助睡眠及憂鬱的藥物相比），在 1960 及 1970 年代，這是一個懷疑與水門事件的年代，在電影《飛越杜鵑窩》中精神分裂症患者抓住大眾的想像力，精神疾病患者成了偏執狂英雄，許多精神疾病研究單位在此時期過後都空無一人，在 1990 年代，處理血清素的藥物出現，同時如此眾多的病人相信「百憂解」（Prozac），幾千條新聞故事不正確地提議，慢性憂鬱症的問題終於獲得解決，不論是否被恐怖頭條消息所驅使，大眾電影或只是藥理性趕時髦的行為，此十年與異常疾病間的確企圖發現彼此的存在。

因此，邊緣性人格異常症是否只是我們這個時代的疾病？當我們如此多的人渴求維持家庭及薪資時，我們對於其他種類的憂鬱症可能變得更加敏感？在如此不確定的世界上，失去一個人的情緒外皮可能是自然情況，太早說是否就是如此，但是邊緣性人格異常症的確至少具有一種性質與經濟衰退相同，如美國杜克大學精神疾病學系前主任亞倫‧法蘭西斯（Allen Frances）博士所言，他寫道：「每個人都談到邊緣性人格異常症，但是通常似乎無人十分曉得有關此病究竟為何。」

心靈之內

與莉莉（假名）一起喝咖啡，你不會感覺許多她如何受苦的情況，她如今四十歲但可能剛超過三十歲，她有一雙藍眼睛及越過肩膀的金色長髮帶些捲曲，在 12 月的一天我們西雅圖外會面共進晚餐，她戴一頂粉紅色羊毛帽子緊緊拉下，及一件愛迪達開襟外套拉鍊完全拉上，她十份友善但並非極端善於表現，而她帶著一種自我保護的氣息。

在 1990 年代後期的一個時間，莉莉服用醫生開立的五種藥物：三種抗憂鬱製劑、一種抗焦慮藥物及一種安眠藥，邊緣性人格異常症病患時常服藥過量，部分是因為治療人員見到他們如此難過，但是對於莉莉而言，如同大部分邊緣性人格異常症患者，藥物的作用幾乎無效，「對於邊緣性人格異常症，藥物治療比大部分人所想像地要無印象得多。」巴黎士在《邊緣性人格異常症治療》（*Treatment of Borderline Personality Disorder*）一書中如此寫道。

當青少年時，莉莉感覺沒有什麼自信，「初中及高中學校只是騙人的事，對嗎？」她表示說並笑起來，「但是我有一種習性對其更嚴肅些。」藉助治療方法的協助，她渡過高中及大學時期，但當她二十好幾歲時，她對販賣特殊儀器的工作變得不滿意，在 10 月份有一天，當她出去進行山上單車旅遊時，她看著微暗的天空並感覺到某些事情不對勁，淒涼

蕭瑟的感覺迅速籠罩著她，要比她年輕時所感覺到的快得多，迅速地，沒有任何事情可給予莉莉許多樂趣。

她回憶有一次談話節目中女孩子們討論切割自己身體以獲得解脫，緩解憂鬱症的一種方式，「我是如此麻木，」她說：「我只是要感覺某些情緒──任何事都好。」因此她由廚房拿起一把刀子並深深切入她的左手臂。

是否莉莉有一段困難時間指出在此等黑暗的情緒背後為何物，她在一家良好的公司工作，當一位名為亞道夫‧史頓（Adolph Stern）的心理分析師在 1930 年代創造出此名詞「邊緣性」（borderline）時，邊緣性人格異常症患者被認為是那些介於佛落伊德的兩大類型的人間：「精神疾病」（psychosis）及「神經疾病」（neurosis），史頓對邊緣性描寫得相當有詩意，顯現「在哭嚎臉孔上的精神性出血麻痺情況」（psychic blooding-paralysis in the face of crises），後來在 1940 年代，海倫‧德以西（Helene Deutsch）表示邊緣性人格異常症患者經歷「內在空虛，病人去接觸一個又一個的社會或宗教團體來尋求治療。」1968 年時，當基本書籍出版突破性之專題論文〈邊緣性人格異常症狀〉（The Borderline Syndrome），邊緣性人格異常症患者的第一號特徵被認為：簡單地說就是「憤怒」（anger）。

最終，邊緣性人格異常症變得是治療人員說是就是的任

何情況，肯尼斯・達克沃斯，美國國立精神疾病聯盟醫學部主任（Kenneth Duckworth）博士解釋說：「如果你憎恨這個病人（因為病人對你斥之以鼻），你可丟出這個名詞，大約是：『噢，你只是一個邊緣性人格異常症病患。』」這是一種懷有敵意的無謂診斷。

琳翰改變了所有情況，在 1990 年代早期，她變成第一位研究人員對邊緣性人格異常症的治療方法進行一個隨機性研究，該試驗顯示她創立的一種治療方法稱為「辯證行為治療法」（dialetical behavior therapy），顯著地減少邊緣性人格異常症患者傷害自己的趨勢以及他們花在住院時間的天數，震驚了一個已經即將認為邊緣性人格異常症是沒有希望的領域。

辯證行為療法如此命名是由於其核心在於病人與治療人員同時在多種矛盾間找出綜合、或辯證的需求，例如，治療人員必須接受病人就如同他們所為（憤怒、對質、傷害），在嘗試之背景內教導他們如何改變，病人必須終止邊緣性人格異常症對於非黑即白思想之癖好，得體認某些行為是對的而某些只是錯的，「這是病人第一個左右為難的困境，」琳翰在她 1993 年《邊緣性人格異常症之認知——行為治療法》（*Cognitive-Behavioral Treatment of Borderline Personality Disorder*）558 頁的經典作品中寫道：「必須與譴責她困境的人共處，她是魔鬼、是她自身麻煩的原因？或者，要責怪在

環境或命運中的其他人？……病人真正無力並無法控制她自身的行為嗎……？或她很差勁，明明可以控制她的反應但是卻沒有意願如此做……？罹患邊緣性人格異常症的人似乎無法去實行的原因，是由於在心理同時懷有這些相互矛盾的情境。」

琳翰的成就為體認到邊緣性人格異常症是，實際上，介於多種雙重性質間，雙重性質是他們必須學習接受與和解為的是要改變他們的生活，這容易說但似乎不可能做到，直到你見其可行。

可救贖的生命

她切割自己後，莉莉被嚇到了，在驚慌中，她打電話給她的父親，他將她帶到醫院，當她出院後，她與她的雙親加倍努力來找出她良好的精神疾病治療方法，經由一位華盛頓大學朋友的推薦，他們聽到有關琳翰的事蹟並接觸「行為研究及治療診所」（Behavioral Research & Therapy Clinics），位於華盛頓大學校園裡一間家庭式小房間，在那裡你可發現在咖啡及茶旁邊擺著小小的鋁箔包巧克力。

琳翰於美國奧克拉荷馬州的土薩長大，在成為心理學家之前花費幾年時間做為修女，具體呈現幾種辯證之相對性：從未生活於修道院中的一位修女；一位嚴謹的科學家其最深

切的特徵為她彆扭無禮的行為；一位六十五歲的女人具有母親的剛強但從未作過母親，這並未讓人低估瑪莎‧琳翰，在《邊緣性人格異常症之認知──行為治療法》一書中，她如此寫道：「如果病人說：『我要去自殺。』治療人員可能回應說：『我認為你同意不會放棄此種治療方法。』」

幾年前在一場熱烈的課程中，有一位病人告訴琳翰她的工作壓力將導致她去自殺，病人說琳翰可能從未了解這種壓力，因為她是一個成功的心理學家，要去自殺的邊緣性人格異常症患者時常以此種方式無視並疏遠治療方法；許多年來，此種對抗情況被視為異常症的界定特徵，琳翰相信邊緣性人格異常症具有傷害性、無法處理，但並不表示她縱容病患，對此特殊之對抗情況，琳翰反應說：「我的確了解，我的生活具有類似壓力……你只能想像當病人持續威脅要殺死自己時我的壓力有多大，我們兩人都必須擔心有關被開除的事！」

當琳翰開始進行時此等直接面對之策略具高度爭論性，其他精神健康專家指責她在公開會議中沒有憐憫心，甚至不合倫理，但是她的治療法已經挽救如此多生命而且在隨機性試驗中效果如此好，今日沒有幾個人會批評她，對於莉莉而言，她稱琳翰的治療法為「禪的哲學遇上固執的愛情」。琳翰是第一位治療人員了解處理莉莉的疾病將需要莉莉負擔一種新類型的責任，一種長出她從未具有之情緒外皮的意願。

　　剛開始時，莉莉拒絕琳翰的幫助，她覺得無人可真正了解她痛苦的深度，但是琳翰是第一位治療人員對莉莉的反應超過只是無盡的精神分析與藥物治療，相反地，琳翰每天都教導她實用可取的方法，有一次，琳翰剛開始治療她時，莉莉將自己鎖在父母親的浴室裡並吞下六或七種抗憂鬱劑，有一半準備自殺的企圖，她的父親撞開門；母親通知警察，莉莉從未失去意識，但是警察表示她無論如何都必須要去醫院，琳翰勸導莉莉的雙親不要陪伴她，她也告訴他們必須讓莉莉第二天去工作，莉莉學習到她不會被縱容。

　　琳翰也教導莉莉多種技巧來管理她的情緒，最重要的一種琳翰稱為「聰明之心」（wise mind），一種平靜的禪學狀態，琳翰堅持即使最衰弱病人都可達到此狀態，「一般而言，」她寫道，「我讓病人遵循他們的呼吸……並嘗試讓他們的注意力沈澱進入生理中心，在他們吸入空氣的底部，非常專注的那一點就是聰明之心。」莉莉清楚地記得此種感動；她開始感覺到她黑暗的情緒在她體內佔有一個生理部位，她的「太陽網路」（solar plexus），而且當她集中注意力於此時，她可壓抑一種毀滅性的情緒。

　　琳翰教導莉莉另一種技術〔同時也教給其他許多人，經由一張受歡迎的DVD稱為「反向作用」（Opposite Action）〕，是一種針對於許多社會情況來對抗憤怒的技巧：「不要讓情

況惡化，」琳翰在 DVD 裡規勸說：「如果可能的話，在善的方面做些小小的付出，好嗎？」

如果某些這類規勸聽起來像是你在幼稚園中所聽到的事，其實就是如此，記住邊緣性人格異常症病患從未學習到管理他們的情緒，重要的是注意到琳翰不止是與她的病人練習固執的愛；她也告訴他們她曉得他們受到傷害並作出最佳反應，她強調她相信他們，即使許多治療人員將她們丟到一邊。「病人是不能失敗的，」她說：「但是治療方法及治療人員同時都會失敗。」同時激情與無禮，同時確認與固執的愛，這些都是琳翰治療方法核心的辯證法。

琳翰來自禪學的方法受到一種批評是對某些病人而言，此方法似乎太具有外來性，離西方經驗太遙遠了，琳翰知道她的治療法對大部分人有效，但這並不表示她不願意列出其瑕疵部分，「此方法花太多時間，包括太多組成，且治療人員要經歷太多訓練。」

這些缺點並未勸阻其他治療人員不去學習琳翰的技術，對辯證行為療法他們大約有一萬人已經受訓，而琳翰感到驚慌，因為她已經變成像是被崇拜的人物，「在心理學上讚美會傷害病人，」她說：「人們須要嘗試各種研究，並非我的治療法只因為我的名字在上頭。」

有一個例子，莉莉十分高興她所嘗試的治療法，她過去

喜歡看的一部電影是吉姆・曼鉤（James Manglod）1999年改編的《被干擾的女孩》（Girl, Interrupted），在此片中薇諾拉・賴德（Winona Ryder）飾演一位真正的邊緣性人格異常症患者，當瑞德的角色學習到接受他接受一種邊緣性人格異常症的診斷，她憤怒問到：「介於何者之間是所謂邊緣性？」這是一個多年來讓莉莉煩惱的疑問，而我們許多人可能開始詢問之問題之一為是否邊緣性人格異常症的診斷不斷增加，但是今日莉莉可以對影片嘲笑因為她最終知道，答案為何真正毫無關，關鍵在於不要去界定不確定之邊緣性人格異常症，而要學習如何快樂才是。

矯正邊緣性人格異常症

這正是排除無法協助罹患人格異常症病人觀念的時機。

當芬妮菈・列蒙斯基（Fenella Lemonsky）的生命解離時才十五歲，她從來就不曾是個快樂的小孩，但是情況在青春期時嚴重惡化，幾年前她的家庭由南非移民至英國倫敦而她發現不可能交到任何朋友，「我有情緒的問題，我大吃大喝而且不知道在我身上發生何事。」列蒙斯基回憶說：「我服藥過量並被送到急診室，最後，我花了許多時間在多家精神病院，但是他們不知道如何治療我的情況。」

列蒙斯基必需等待直到她二十好幾歲時，即使該疾病有了名稱，此情況讓她生命的每一層面都失序。然後，在她一次企圖自殺非常接近成功後，一位關心的醫生幫他與倫敦聖安醫院的安東尼・貝特曼（Anthony Bateman）約診。

貝特曼診間的特長在治療人格異常症，但是列蒙斯基並不知道這個診間，坐在他的辦公室裡，她懇求給予她問題一個解釋：「他說：『這是邊緣性人格異常症（borderline personality disorder）。』她問說：『此病可治療嗎？』他說：『是的。』」

此簡單然而樂觀的對談將讓許多人驚奇，他們已經給予

相同診斷,這可能甚至讓某些精神疾病醫生感到驚奇,人格異常症圍繞著與他人互動的困難而打轉,他們對那些同樣發生此病的人及對周圍的人會感到極端衰弱,並被認為是一輩子的苦惱,特別是邊緣性人格異常症具有一個恐怖的名稱,在一期時代雜誌的封面總稱為「醫生最感恐懼的異常症」,即使是目前版本的精神疾病學手冊——「精神異常症診斷與統計手冊」(the Diagnostic and Statistical Manual of Mental Disorders, DSM),由於描述人格異常症為「穩定且持久」而使得憂傷永存。

美國德州貝勒醫學院一位人格異常症專家約翰·奧德漢(John Oldham)表示:「如今顯示這並非真實。」他也是美國精神疾病協會(出版精神異常症診斷與統計手冊)的主席。對於許多絕望的家庭,令人鼓舞的消息是罹患邊緣性人格異常症的人其問題會因年齡增長而消退,最近的臨床試驗也已經顯示特殊之精神治療法能顯著改善他們的生活,仍然,一種長期性「無法治療」的污名,加上治療之經費難以確保,表示罹患此病而獲得所需協助的人數相對較少。

對於邊緣性人格異常症的鼓勵性結果已經對其他種類的人格異常症激發了希望,這些疾病一般更常見但是極少研究,可能也比較不根深蒂固而且比從前想像的更有餘地治療。

精神疾病醫生目前認識十種人格異常症,分類成三「群」(clusters),然而疾病的徵象是診斷混淆而讓人束手無策,

這些異常症以不同方式表現，由冷淡不關心其他人（那些具有反社會人格異常症的人，許多人追求犯罪的生活），至罹患逃避人格異常症而產生極端社會性焦慮的人，問題間的糾葛是共同線索，「在一個無人島上你不會發生人格異常症。」英國諾丁漢大學法醫精神病學家科諾‧杜根（Conor Duggan）觀察說。

邊緣性人格異常症的特徵是情緒極端不穩定，最佳被研究是因為人們罹患此病時知道某些事情錯得離譜並企圖尋求幫助，任何熟知此症的人知道「邊緣性」（borderline）並不表示被診斷出的人在精神健康與精神疾病間接近邊緣，其實離此還遠得很：該異常症獲得其名是因為似乎結合了「神經疾病」（neurosis）的苦惱與某些「精神疾病」（psychosis）的妄想。

列蒙斯基是一個原型病例，在那些尋求治療者中，大約有三位女人及一位男人，許多人覺得長期感到空虛並產生衝動或上癮的行為，對於列蒙斯基而言大問題是食物，而其他人則是酒精、藥物、危險性行為或喝得狂野且醉醺醺地，由於他們蹣跚地由一個危機邁入另一個危機，罹患邊緣性人格異常症的人時常傷害自己或企圖自殺，主要作為一種手段來釋放無法承擔的壓力，「這幾乎像是疼痛的緩解。」列蒙斯基如此解釋。

在異常症的核心存有一種無能力形成穩定關係的情況，罹患邊緣性人格異常症的人對於自暴自棄的行為具有幾乎是偏執性的恐懼，這時常變成一種自我實現的預言，他們的朋友有一天可能被偶像化，而只要被些微察覺後，第二天就加以蔑視，時常爆發憤怒之情，而嘗試幫助他的人則時常受到打擊。

對於那些在戰場上的人，猛烈攻擊似乎不夠寬厚，罹患人格分裂症的人可能瞥見一絲「美麗的心靈」（beautiful mind），然而那些罹患兩極性異常症的人他們處於狂燥狀態時會發散出個人吸引力，但當問題是人類疾病如同個性一樣基本，並持續推動某人進入不穩定及風暴關係時，則難以再回頭，結果造成家庭破碎、朋友離散、甚至專業照顧者憚精力竭。

「這些是不信任你的病人，他們高度警覺並快速誤解事情。」奧德漢說：「許多健康照顧工作者不了解這是病理的一部份並認為是針對個人。」

如今已經清楚，即使精神疾病醫生圍繞治療罹患邊緣性人格異常症的人建立他們的事業，在誤解之下歷經好幾年時間的努力，這是一輩子的不幸，如今有兩個研究已經將教條反轉，每一個研究都追蹤許多患病十年的人，這兩個研究皆未測試某種特殊治療法，但是觀察接受標準照顧的人發生何事。

恢復之路

第一個研究由美國麻州麥克林醫院的瑪莉‧札納瑞利（Mary Zanarini）領導，於 2010 年報告 249 位病人中 86% 已經改善至他們符合邊緣性人格異常症診斷標準的程度，在十年期追蹤中至少四年是如此（*American Journal of Psychiatry*, vol 167, p, 663）。

此結果並非僥倖：在 2011 年 4 月第二個研究，對於判定疾病再發性設定較高標準，報告在超過十年期當中，111 位病人中 85% 曾經再度發作時間至少一年（*Archives of General Psychiatry*, vol 68, p 827）。

「我已經沈浸於這些病人中但並未參與研究。」也在麥克林醫院工作的約翰‧岡德申（John Gunderson）說，他同時是第二個研究的主持人，他表示精神疾病醫生簡單地就是無法認清，許多人停止治療其實是病情真正好轉了。

假使人們與他們的家庭受苦於邊緣性人格異常症，最優先的行動是找出某些方法加速復原，雖然對於了解疾病的生物學基礎已經獲得某些進展，但是主導近代精神病學的藥理學革命對於邊緣性人格異常症病例上卻陷入進退維谷，抗精神藥物或情緒穩定劑能協助解某些症狀，但是在 2010 年對於臨床試驗的一個系統性回顧結論為，此等藥物對於邊緣性人格異常症整體嚴重性之緩解作用並無差異（*British Journal of Psychiatry*, vol 196, p 4）。

最佳結果來自特殊精神治療法，包括「辯證行為治療法」（dialectical behaviour therapy, DBT），由美國華盛頓大學瑪莎 · 萊恩漢（Marsha Linehan）所研發，DBT 是一種取得佛教「謹慎」（mindfulness）觀念的認知行為治療法，冷靜察覺當前的時刻，讓人們改變他們的行為，經過一連串臨床試驗，在降低自我傷害、自殺企圖、憤怒及毒品濫用上此方法比標準談話治療法效果較佳（*Annual Review of Clinical Psychology*, vol 3, p 181）。

另一種成功的方法是「基於精神作用之治療法」（mentalisation-based treatment, MBT），由英國倫敦大學學院的彼得 · 弗納基（Peter Fonagy）首創，MBT 來自精神病分析師的傳統，並集中於讓罹患邊緣性人格異常症的人對他們自己及其他人的精神狀態有較佳了解，此方法較少被廣泛研究，但是似乎會減少自殺企圖及使用精神疾病服務項目，並增加人們把握工作的能力（*American Journal of Psychiatry*, vol 165, p 631）。

雖然來自不同傳統，這兩種系統卻具有許多相同處，兩者都具有高度結構性，並且以個人所關心之事是確實的前提開始進行，「我們的核心特徵之一就是極端嚴肅地對待病人的主體經驗。」貝特曼說。

對於列蒙斯基而言，她發現從前的治療人員對於他們看似微不足道的議題態度輕慢，而最終情況卻是相關的，「我

所說的是要以最重要性來治療。」她敘述她在貝特曼診所的經驗。

仍然，目前並無快速的解決方法，列蒙斯基的突破在大約兩年後出現，她回憶打開了一扇窗並感覺到鳥語與花香，而超越她自身的問題，「歡迎來到世上。」她的治療師如此形容。

接觸到此等治療方法仍然是零碎的，超過十年之後，列蒙斯基擁護使用精神健康服務的病人，描述英國的情況為「郵遞區號樂透」（postcode lottery）的行為，在美國，保險公司例行地避免對心理治療法長期挹注經費，奧德漢爭辯這是錯誤的經濟學，由於未經治療的邊緣性異常症造成人們自殺企圖及其他危機引起巨大的經濟負擔。

雖然費用可達好幾萬美元，貝特曼及佛納吉已經計算出一個十八個月的 MBT 療程在兩年內就可獲得補償（*American Journal of Psychiatry,* vol 160, p 169）。

但是疾病需要較佳的治療法，雖然治療方法像是 DBT 及 MBT 可減少最讓人失能的症狀，它們卻仍然無法治癒底層的社會障礙，「即使現在我仍然與正常健康關係奮鬥。」列蒙斯基解釋說，而對於其他人格異常症，還未成為相同強度研究的對象，治療方法的選擇仍然悲哀地受到限制。

然而如果邊緣性人格異常症具有任何指引時，這是丟棄圍繞人格異常症「無法治療」污名的時候，並增強努力來協

助人們找到緩解方法,「你必須作很大的投資來改變某人的人格,」荷蘭威爾史普隆人格異常症研究所的珍‧馮‧布希巴哈(Jan van Busschbach)如此表示,「但是這可以辦得到。」

邊緣心靈的內在

罹患邊緣性人格異常症的人時常指出創傷事件或被忽視激發他們的疾病,但是那些罹病的人示出生就是如此,與後天形成一樣,遺傳因子似乎可解釋在整個族群其變異高達45%,其遺傳性僅些微低於高血壓。

此疾病牽涉的基因至今未明,但可能是影響大腦功能,造影研究顯示罹患邊緣性人格異常症的人其杏仁體(這是大腦處理情緒反應的構造),與正常抑制其活性的皮質部位間之連接異常微弱(*Neuropsychopharmacology*, vol 32, p 1629),美國德州貝勒醫學院一位人格異常症專家約翰‧奧德曼(John Oldham),比喻其結果為引擎「運轉太熱」同時煞車失效的車。

罹患邊緣性人格異常症的人通常對催產素〔有時稱為「信任激素」(tust hormone)〕也可能起反應,將催產素噴進健康人的鼻內後他們就更常彼此合作,但是美國紐約西奈山醫學院的珍妮佛‧巴茲(Jennifer Bartz)發現此賀爾蒙對一群邊緣性人格異常症患者產生正好相反之作用(*Social Cognitive and Affective Neuroscience*, DOI: 10.1093/scan/nsq085)。

其名稱有何意義？

固定一個破碎的人格是一回事，但是精神病醫生能確立人格異常症的診斷架構嗎？許多人同意其迫切須要翻修。

美國精神病協會目前之「精神異常症診斷及統計手冊」列出十種不同的異常症，如果某人的症狀超過查核表的一個門檻數字則此病就算被診斷出，但是當精神病醫生僵硬地應用這些標準，他們時常發現他們的病人同時會被診斷出好幾種異常症，某些人罹患明顯的失能人格並不符合任何分類：超過20%可能最後被診斷只有「人格異常症——而非特定性」（*Journal of personality Disorders*, vol 21, p 359）。

何者必須用來取代此種不穩定之結構呢？下一版 DSM 提議將現有四種異常症歸為片段之累積，只有當人們對於兩種人格功能性（包括自我與人際間）在尺度上分數不佳時，並對五種病理性人格特徵（包括頡抗性及衝動性）分數高時才進行剩餘種類疾病的診斷，這些特徵被設計來評估病理性人格，以類似於心理學家如何使用「五大」特徵如開放性、誠實性、外向性、同意性及神經過敏性來量測正常人格變異之方式，但是有人批評爭論說此系統方式太複雜而不切實際，「我認為他們是在平行的宇宙間運作。」美國克拉羅多大學醫學院的約拿桑‧謝德樂（Jonathan Shedler）如此評論。

灰色陰影

美國亞利桑納大學的安德魯‧史寇多（Andrew Skodol），他主持審查小組對提議的反應，為他小組的研究辯護，爭論說該系統比目前查核表要簡單，各種批評只是單單對抗改變的反應，他認為就如同以前修訂時所發生之事。

由英國倫敦帝國學院領導的一個研究小組主張診斷必需集中於人際間問題，基於嚴重性的尺度上做判斷，之後人們必須被指定為五種人格障礙「領域」（domains）之一，這將取代現有的領域。

許多提議承認人格並不是非黑即白而是以多種灰色陰影出現，此論點於 2010 年被一個由泰瑞爾（Tyrer）領導超過八千個英國人的調查所認定，從前的研究建議，依據 DSM 標準在族群中有 4% 至 12% 的人具有人格異常症（雖然大部分人從未被診斷），當泰瑞爾與其同事擴大篩選包括罹患「人格困難症」（personality difficulties）的人，他們發現只有 23% 的人沒有病態性人格特徵（*British Journal of Psychiatry, vol 197, p 193*）。

如果你考慮此情況，此令人驚奇的發現開始出現意義，有誰未感覺到被排斥的恐懼、因衝動行事而將他們自己置於危險中、或對一場憤怒的爆發後悔？罹患人格異常症的人已

經長久以來被污名化成為犧牲者或怪物,實際上,他們就像是我們其他人,只是如此而已。

左右大腦半球的演化來源

　　兩個大腦半球的分工曾經被認為是人類所獨有，五億年前就發生：說話、右手主導、臉部認識及處理空間關係等技能可被追蹤至早期脊椎動物的大腦不對稱性。

　　在人類大腦的左半球控制語言、右手的靈巧度、分類的能力以及一般例行性行為，而右半球特化針對緊急情況反應、空間組織項目、認識臉孔及處理情緒。人類大腦左半球控制語言，證明我們最大之精神特質，也控制人類右手顯著的靈巧性，右半球主要控制其他事務，我們感覺到對象如何在空間中互相關連，四十年前寬大之科學贊同意見為，除了語言之外，右手主導性及只有一側大腦對於處理空間關係之特化只單獨發生於人類，從前認為其他動物從未發生任何種類的半球特化性質。那些相信十分適合以下觀點：即人類具有特殊演化狀態，生物學家及行為科學家一般同意右手主導性由我們原始人類祖先當他們學習製造及使用工具時演化，這大約是二百五十萬年前，右手主導性也被認為發展出說話（speech）行為，或許，持續而言，左半球只簡單地將符號語言加入至其技巧性手工藝活動的戲目中，接著轉化成說話，或者左大腦控制手工藝活動的能力延伸至控制說話的聲音工

具，不論哪一種情況，說話及語言是由相當近來製造工具之手工藝才能演化出，同時右半球被認為已經指定演變成處理空間關係的中心，在左半球變成對於手的主導性特化之後。

　　然而在過去幾十年，對於許多其他動物的研究已經顯示牠們的兩個大腦半球也具有不同的功能，且不論那些發現，正流行的知識持續認為人類是不一樣的，許多研究人員仍然認為最近在非人類動物上發現兩個大腦半球之特化與人類無關；人類大腦半球的特化係開始於人類。

　　在此我們提出對於獲得支持之基本差異假說的證據〈特別是在生物學家之間〉，人類大腦每個半球的特化，其基本型態於大約五億年前當脊椎動物出現時已經存在，我們認為大腦半球最近的特化出，包括人類大腦，是藉產生改變之達爾文繼承過程由原始大腦演化（在過程中，有關祖先特徵的可能性被改變或與其他發展中特徵彼此合作），我們的假說支持脊椎動物大腦的左半球原先是對控制在通常及類似環境下已建立完成之行為模式而形成特化，相反地，原始情緒覺醒位置的右半球，首先對偵測及反應對環境中未預期到的刺激而特化。

　　在早期的脊椎動物，當一個或另一個半球在特殊環境下發育出某種趨勢來控制行為時，此等分工可能開始進行，我們提議由那種簡單的開始，右半球在可能危險之環境取得最

初控制，這稱為由動物得來的迅速反應，例如偵測到附近有掠奪者，否則，控制權傳給左半球，換句話說，左半球變成「自我引發動機之行為」（self-motivated behavior）部位，有時稱為「由上而下之控制」（top-down control）（我們強調自我引發動機之行為不必是與生俱來的；事實上，常是學習得來），右半球變成「環境引發動機之行為」（environmentally motivated behavior）部位，或「由下至上的控制」（bottom-up control），此過程指導更特化的行為——語言、製造工具、空間關係、臉孔認識，及似乎由這兩種基本控制演化出的行為。

大腦左半球

　　大部分證據支持我們的假說並非來自直接觀察大腦，而是來自觀察傾向身體之一側或另一側的行為，在脊椎動物連接橫越身體及大腦之神經系統——在很大程度上，由身體一側傳出或傳入的神經是與大腦對側的半球相連。

　　對於我們假說第一部份的證據－脊椎動物左半球特化來控制例行性、內部指導之行為——已經建立有一段時間，在許多脊椎動物一種以右側偏向之例行性行為是進食，例如魚類、爬蟲類及蟾蜍，在牠們的右眼及左半球指引下傾向以牠們的右側身體攻擊犧牲者，在許多鳥類——雞、鴿子、鵪鶉及長腳鷸——對於啄食不同食物及獵取犧牲者右眼是主要指

引，在一個例子中，此等側面化進食趨向在動物外在解剖學上已經明顯導致側面化偏向，紐西蘭歪嘴鴴鳩的鳥喙向右側歪斜；以此種方式，鴴鳩在小溪石下尋找食物時其右眼能引導鳥喙的動作。

對於哺乳動物而言，座頭鯨的進食行為是一個偏向側面進食的特殊例子，如今在美國西雅圖阿拉斯加漁類科學中心的菲利普 · 克列普漢姆（Phillip J. Clapham），與其同事發現七十五隻鯨魚中有六十隻只有在右下顎處具有擦傷；而其他十五隻鯨魚則只有在左下顎處有擦傷，該發現是明顯證據表示鯨魚喜好利用下顎的某一側收集食物，而「右下顎性」（right-jawedness）如今是標準。

簡短地說，在所有脊椎動物種類－魚類、爬蟲類、兩棲類及哺乳類——是趨向保留可能是祖先傾向的動物，在例行性進食活動時朝向使用右側軀體。

右手性的來源

這些發現如何闡述所謂獨特之人類右手性？在鳥類及鯨魚偏向右側的證據十分有趣，但是很難作出令人信服的論點，未反對古老信仰認為在人類右手性並無演化之前兆，然而超過一打最近的研究如今證明在其他靈長動物（我們在演化上最接近的親屬）也有右手性偏向，清晰建議人類右手性是由

較早期靈長動物傳衍而下，在猴子（狒狒、Cebus 猴及恆河猴）以及人猿、特別是黑猩猩，顯示使用右手習慣。

美國亞特蘭大約克國家靈長類動物研究中心的威廉・霍普金斯（William D. Hopkins）與其同事已經進行過許多有關人猿的研究由，霍普金斯小組觀察特別是在工作中右手性習慣，包括同時使用兩隻手協調或身體無須站直而取得放置太高無法接觸到的食物，例如，實驗人員將蜂蜜（一種動物喜好的食物）置於一根短的塑膠管內，並將管子遞給其中一隻人猿，為得到蜂蜜，人猿必須用一隻手拿起管子，而以另一隻手的手指挖出蜂蜜，以 2 對 1 之比例，人猿好用右手的一隻手指挖出蜂蜜，相似地，在接觸實驗中，人猿通常以右手握住他們要的食物。

約克研究中心的發現也對我們建議，早期的靈長動物演化出進行更困難及更複雜的工作來找到食物，牠們使用哪隻手的傾向也變得更強，我們懷疑其理由是，進行更複雜的工作時對於控制訊息由大腦盡可能直接傳遞至更有技巧的手中，造成其需求增加，由於最直接之途徑由左半球（進行例行性工作）而傳至身體係遵循周邊神經交叉途徑，在非人類靈長動物間對於執行複雜卻是例行性的工作時右手更加變得是好用的手。

溝通與左大腦

　　人類右手靈巧度的演化是經由古老較高等靈長類動物改變古老之進食行為，如今看起來非常可能，但是進食行為是否也產生左大腦對於語言的特化？實際上我們並非表示建議此種發生是直接地，而是我們認為「語言大腦」（language brain）是由一個中間性及左大腦多少較非原始之特化出現，指其對於例行性溝通的特化，同時包括聲音及非聲音，但是與人類史前史的學生長期認定的信仰相反，並非那些由人類首先產生之溝通能力；它們也由大腦半球特化作用傳衍而下，是在人類出現非常久之前首先出現於動物。

　　例如在鳥類，某些研究顯示左半球控制唱歌行為，在海獅，狗及猴子，左半球控制其他同類動物呼叫的感知，羅格斯（Rogers）與如今在德州農工大學的米謝爾・虎克—寇司提根（Michelle A. Hook-Costigan）合作，觀察常見的狨猴對其他狨猴作出友善呼叫時，嘴巴右側打開比左側要大，而人類說話時也同樣右側嘴巴張開比左側要大，這是由左半球造成使臉部右側活動較大的結果。

　　在自然界中很少是共同的，然而某些動物對高度情緒化環境的聲音反應也與左大腦有關，並非與右腦連接（與人可能預期的不同），例如當一隻雄蛙被另一隻敵對的雄蛙由後方緊緊抱住，左半球似乎控制第一隻青蛙的聲音反應，小鼠

的左半球控制來自剛出生小鼠慘叫聲之感知，在沙鼠左半球控制交配時呼叫的產生，但是那些動物可能是例外，在人類及猴子（或許包括大多數其他動物），右大腦控制高度情緒性發聲；而左大腦維持例行性功能。

在人類非聲音溝通也具有演化前身，不只黑猩猩當牠們處理物件時傾向使用右手，而且牠們也喜好用右手作為溝通姿勢，大猩猩也是如此，傾向使用右手進行複雜溝通（這也包括頭及口），法國普羅旺斯大學的艾德林・梅貴爾迪欽（Adrien Meguerditchian）與捷克斯・瓦克萊爾（Jacques Vauclair）甚至觀察到在狒狒對於手勢溝通（拍打地面）有右手偏向。

當一注意到人類也傾向以右手做出溝通姿勢時，所有這些現象在演化上的重要性就變得十分清楚，我們與狒狒同樣的側面化行為建議：右手溝通發生於第一次像猴子樣的人類祖先（與狒狒同一祖先）出現時，那種動物或許在四千萬年前出現，早在「類人類」（hominids）開始演化前。

說話的演化

一個基本問題仍然存在：就是已經被左腦控制之任何行為（如進食、發聲、以右手溝通等）如何已經被改變成說話，是在地球生命史上最重要步驟之一？

　　馬克內拉吉（MacNeilage）已經提出一個假說，這需要「音節」（syllable）的演化，這是在及時一股說話流動之下的基本組織單元，典型的音節是在子音（consonants）與母音（vowels）間韻律性的交替（子音是當發聲通道暫時封閉或幾乎密合時所產生的聲音；母音是當氣流相當自由地經由打開的口發出與發聲通道的形狀共振時產生的聲音），音節可能作為交替升高（子音）與降低（母音）下顎時演化的副產品，這是已經建立良好對於咀嚼、吸允及舔吸的行為，一連串這些嘴部的循環動作，（產生如）可能在早期人類開始作為溝通訊息間的動作，就如同今日在許多其他靈長類動物間所為。

　　不久之後咽喉的發聲能力會與溝通性呧嘴行為配合成對形成說話音節，音節或許首先用於象徵個人觀念，因此形成字詞，結果當早期人類結合兩種字詞（攜帶句子的主要意思）形成句子的能力（語言）推測被演化出：那些對於物件（名詞）及那些對於動作（動詞）的意思。

大腦右半球

　　什麼是我們理論的另一半？證據如何強大，早在脊椎動物演化上，大腦右半球特化對未預期之刺激來偵測及反應？以何種方式作為特化演變及轉化的基礎？對我們的理論借強

烈支持的一套發現來自多種動物對掠奪者反應的研究，總之，在古代脊椎動物環境裡，沒有什麼事件比致命性掠奪者突然出現更出乎意料之外及情緒負擔，當然足夠了，在魚類、兩棲類、鳥類及哺乳類動物，所有反應都針對牠們視野左側（大腦的右側）【大過右視野】所見到的掠奪者更快逃避。

　　對於人類所有之反應，相同大腦半球特化的證據來自大腦造影研究，在那些研究的綜合討論中，美國聖路易華盛頓大學的麥可・福克斯（Michael D. Fox）與其同事取得結論，人類在右半球具有一種「留意系統」（attentional system），對於未預期及「行為相關刺激」（behaveiorally relevant stimuli）特別敏感，換句話說，實際上他們表示的刺激種類就是在前方有危險！此等留意系統的存在協助一種有意義否則難以理解的人類習性：在實驗室中，即使使用右手的人對未預期刺激，使用他們的左手（右大腦）比右手反應更迅速。即使在不具威脅的環境下，許多脊椎動物對於任何可見的掠奪者都以左眼持續觀察，此種早期在有掠奪者存在時大腦右半球對於警覺的特化也延伸至許多動物對於侵略性行為反應上，蟾蜍、變色龍、雞及狒狒都似乎更會攻擊在其左側而非右側牠們自己同種的動物。

　　在人類相當原始之避開及警覺的行為（在非人類動物證明為右半球留意性）已經變形成為許多種負面情緒，在十九世紀，醫生注意到病人抱怨歇斯底里性肢體麻痺更常發生於

身體左側多過右側，有某些證據顯示在人類大腦右半球控制情緒性哭泣及喊叫，與左半球控制之情緒中性發聲動作成驚人對比，比起右半球，在左半球受到傷害後人們更可能變得憂鬱，而且在慢性憂鬱症狀態下右半球要比左半球更活躍。

認識其他因子

當突然出現一個掠奪者時，早期脊椎動物必須迅速反應之最顯著環境改變為：其他與自身種類相同者所遭遇之對象，在魚類及鳥類的大腦右半球，認識社會性同伴及監測社會行為可能需要一種立即反應，因此，右半球對於臉部感知的功能必定來自相當早期脊椎動物認識同種動物其他個體其視覺樣貌的能力。例如，在最早期演化的脊椎動物間，只有某些種類的魚可能有能力認識個別的魚，但是一般而言鳥類的確顯示一種右半球能力來認識個別的鳥，英國劍橋巴布拉翰拉研究所的凱斯‧肯德瑞克（Keith M. Kendrick）已經顯示綿羊能由記憶中認出其他棉羊（以及人類）的臉孔，而其大腦右半球顯然包含於內，美國農工大學的查理士‧漢米爾頓（Charles R. Hamilton）與貝蒂‧佛麥爾（Betty A. Vermeire）已經觀察到猴子具有類似形為。

人類神經科學家最近體認到大腦右半球在臉部認識上產生特化情況，「臉部關連認識症」（prosopagnosia）是一種阻礙認臉能力的神經性異常症，更常是右半球比左半球受到傷

害的結果，將臉部認識延伸至似乎另一個層次，猴子與人類兩者以右半球解釋情緒性臉部表情比左半球更正確，科學家認為此種能力是右半球決定身份或相似性為其古老演化能力的一部分，例如判斷目前之刺激是否在從前已經見過或遭遇過。

整體與局部

我們曾經辯論左半球在正常活動時及右半球在異常環境下其功能間的基本差異，但是研究人員同時也已經強調半球功能之額外二分法，人類大腦右半球是「採用整個場景」（takes in the whole scene），關照到其環境的整體觀點而非集中於有限數目之特徵，這種能力在分析空間關係上形成其堅實之優點，儲存於右半球之記憶趨向組織化及作為整體模式被回顧而非一連串的單一項目，相反地，左半球傾向集中環境之局部層面。

在人類整體 - 局部二分法的驚人的證據已經出現，由以色列海法大學的大衛・拿奉（David Navon）所發明的研究發現，大腦受損病人被要求複寫一張照片，在其中有二十餘個相同小型的上標字母 A 排列形成一個大型之大寫字母 H 的形狀，大腦左半球受傷的病人時常以簡單線條描繪著 H 而不包括小型字母 A；而右半球受傷的病人將小型 A 字母分散在整個紙面上而沒有系統性。

　　科學家在雞已經偵測出一種類似的二分法，認為這是相當早期之演化，英國蘇薩克斯大學的理查‧安德魯（Richard J. Andrew）及另一位科學家法洛提加納（Vallortigara）已經發現：如同人類，家雞以其右半球對寬廣空間關係特別注意，更加右眼被蒙住的雞，只接受傳至右腦的輸入刺激，顯示對多種刺激感到興趣，建議雞隻會注意到牠們的整體環境，只能以左半球（左眼蒙住）注意的雞是集中於特定、局部之地標特徵。

為何大腦半球會特化

　　為何脊椎動物偏好將某些功能分開置放於大腦的不同半球？為了評估一種傳入刺激，動物必須同時進行兩種分析，首先必須預估刺激之全盤新奇性並在需要時採取決定性的緊急行動（右半球），同時必須決定是否刺激符合某些熟習之類別，因而要求作出已經確立之反應（左半球）。

　　為偵測新奇性，動物必須照顧好可標示某種經驗具獨特性的特徵，喚出實際上與「鼻子偵測新奇性」（nose for novelty）相同種類的空間感覺，因為動物所選用之幾乎任何觀點都會產生某種刺激的新結構，這是大腦右半球的功能，相反地，將某種經驗分類，動物必須認識其何種特徵會再次發生，而忽視或拋棄其他獨特或原先認定的種類，結果是產生

選擇性的注意行為（大腦最重要的能力之一），這是左半球的功能。

然而，或許那些大腦半球特化最初之演變是因為牠們合起來進行一種更有效率的工作（比缺乏此種特化系統的大腦而言）：在同一時間同時處理兩種資訊，為測試此想法，科學家必須比較具有側化大腦的動物與不具側化大腦同種動物間的能力，如果此種想法正確，則具有側化大腦要比未側化大腦的動物有能力執行更有效率的左、右大腦半球的「平行功能」（parallel functions）。

幸運的是，科學家羅格斯（Rogers）已經顯示：在孵化前藉暴露家雞的胚胎於光線下或於黑暗中，她能針對某些功能來操作大腦半球特化之發展，就在孵化前，雞胚的頭自然轉向因此左眼被身體遮蓋，只有右眼能被穿越蛋殼的光線刺激，光線啟動處理視覺發育的某些大腦半球特化作用，藉在黑暗中培育雞蛋，羅格斯可防止特化作用的發展，她發現最特別的是，黑暗處理預防止了左半球發展其正常高超的能力來篩檢穀粒與小石子，而其也防止右半球比左半球對掠奪者更有反應能力。

羅格斯、法洛提加納與義大利特拉摩大學的帕歐羅·祖卡（Paolo Zucca）合作，同時測試兩種雞對於雙重工作的反應：當監測標準掠奪者出現在頭上時，雞隻必須找到分散於

小石子間的良好穀粒，在光線下孵育的雞隻可同時執行這兩種工作；而那些孵育在黑暗中的雞隻卻無法辦到，因而證明經側化之大腦是一種更有效率的處理工具。

社會性「打破對稱」

讓兩個大腦半球產生分開及平行處理作用可能會增加大腦效率，但是卻未解釋為何如此，在同種動物間，一種或另種特化作用傾向主導，而在大部分動物為何是左眼（及右半球）比右眼（及左半球）更適合警戒來對抗掠食行為？何種原因讓使用左手主導或右手主導比對稱（兩者 50 比 50 混合）更常發生？

由演化觀點而言，「打破」對稱（在族群中主要由左傾行為或由右傾行為組成）可能具有不利的影響，因為掠食者對個人行為將更可預測，掠食者可學習接近犧牲者警戒性較小的側面，因此減少被偵測到的機會，在許多族群中個人之左傾行為及右傾行為之不平均比例因而顯示不平衡作用必須如此有價值，因而堅持如此不論其自身增加了對掠奪者的弱點，羅格斯與法洛提加納建議，在社會性動物間，一致性的優點可能在於知道自身種類其他個體所期望之事。

瑞典斯德哥爾摩大學的史帝法諾・吉蘭達（Stefano Ghirlanda）及義大利的波羅納・法洛提加納（Bologna

Vallortigara）最近以數學方式顯示以左傾或右傾主導之個人數目真正自動提高，如果此等族群具有依賴頻率之本益比，數學之遊戲理論時常顯示對個人最佳之行動過程可能依賴他自己組群中大部分其他成員決定所作之事，應用遊戲理論，吉蘭達及法洛提加納證明在社會選擇壓力下左傾或右傾行為在族群中會演變，即非對稱性個體必須與自身種類的其他人合作，例如，有人會期望訓練魚演變為大部分一致之「轉變偏好」（turning preferences），較佳方式是仍然聚在一起作為一個團體，相反地，單獨的魚將可能隨機改變牠們之轉變偏好，因為牠們不需要在一起游泳，這實際上就是如此。

體認非對稱大腦並非人類所特有，有關許多較高級人類功能出現之新問題如：何為大腦左半球及右半球在自覺、意識、神入或具有瞬間內省能力之相關功能？有關這些議題所知極少，但是我們所詳述之許多發現建議這些功能（像是在此文所討論之其他人類現象），由前人類之能力遺傳下來的解釋是最會被了解的。

音節由咀嚼動作演變來的嗎？

依據馬克奈內吉的想法，人類說話的來源可能可追溯至音節之演化，是一種在子音及母音間的典型替代物，例如在字詞「媽媽」（mama），每一個音節以子音聲音開始【m】

而以母音聲音【a】結束，如同切掉之橫隔膜顯示，【m】聲音由暫時張開下顎或下大顎形成，閉上嘴唇（左下面）阻擋來自肺部的氣流，發出後續的母音聲音【a】，下顎閉起而氣流自由穿越聲道（右下），馬克奈內吉因此提議造成音節發聲是一種例行性咀嚼行為的演化改變，在二億年前由哺乳類動物第一個演化出。

側化性大腦更有效率

羅格斯發現如果她將雞胚在孵化前暴露於光線或黑暗，她可控制雞隻大腦的兩半是否發育出對視覺過程的特化作用，就是雞隻是否孵化出具有弱或強的側化大腦，羅格斯與法洛提加納及祖卡接著以兩項工作來比較正常、強側化雞隻與弱側化的雞隻，一項工作是由小卵石中分類出食物穀粒（通常是大腦左半球的工作）；另一項工作是對飛過雞隻的掠奪者模式（一隻老鷹形狀的圖案）產生反應（通常是右半球的工作），在沒有老鷹模式存在時，弱側化雞隻在學習穀粒與小卵石的差異上沒有問題，但是當老應由頭上飛過時，牠們時常無法偵測到，而且牠們在學習啄食穀粒而非小卵石時比正常雞隻要慢得多，簡言之，由於牠們的大腦沒有側面特化，這種雞隻就無法在同一時間注意到兩項工作。

關鍵觀念

· 本文作者提議當脊椎動物於五億年前出現時，大腦的兩個半球已經產生特化作用。

· 左半球在原始似乎一般集中於控制已經建立完備的行為模式；右半球在偵測未預期之刺激及反應上產生特化作用。

· 說話及右手主導性兩者同時可能由控制例行性行為產生特化作用。

· 認臉及處理空間關係可能追蹤至它們與生俱來迅速查覺掠奪者的需求。

大腦的白質是什麼？

雖然科學家長期認為大腦的白質是被動的基礎構造，新研究顯示其實白質主動影響學習及精神疾病。

想像我們如何能透過頭骨窺視何種情況造成一個人的大腦比另一個人聰明，或發現是否有隱藏之特徵可能讓一個人產生「精神分裂症」（schizophrenia）或「閱讀困難症」（syslexia），一種新型的造影技術協助科學家觀察此等證據，而這顯現出令人驚奇的結果：智力及許多精神症狀可能被大腦裡完全由白質形成的組織所影響。灰質（介於兩耳之間老師責怪你的有關物質，gray matter），是計算發生及記憶儲存所在，此種皮質是大腦的「表土」（topsoil）；由緊密疊合的神經細胞本體構成，是神經細胞（或稱神經元）做出決定的部位，然而在其之下，是「白質」（white matter）的底部填滿幾乎人類大腦的一半，比其他動物大腦中所發現的比例要大得多，白質含有幾百萬條溝通用的神經纖維，每條含有一長條、個別纏捲的「樹突」（axon），外表覆蓋一層白色脂肪物質稱為髓燐脂（myelin），像是連接一個國家不同地區電話的纜線，此種白色纜線連接大腦某個部位與其他部位的神經元。

幾十年來神經科學家對於白質沒有多大興趣，他們認為髓燐脂只有隔絕作用，而纜線內部只是被動的通道而已，有關學習、記憶及精神異常症的理論集中於神經元內之分子作用及知名的「突觸」（synapses）上，這是神經元間細微的連接點，但是科學家如今體認到我們從前低估了白質在大腦不同部位間適當傳送資訊的重要性，新的研究顯示白質的範圍在具有不同心智經驗或具有某些功能失調的人間都不同，當人們在學習或從事某種技巧如彈鋼琴時，白質在其大腦內也會改變，即使在灰質內的神經元進行精神及身體活動，白質的功能可能對於人們如何主導精神及社會技巧也極端重要，以及與為何老狗學習新把戲如此困難有關。

精通更多

髓燐脂使白質呈現其顏色一直是個謎，超過一個世紀以來，科學家由他們的顯微鏡觀察神經元並看見長條的纖維，樹突（axons），由神經細胞本體延伸至鄰近的神經元，像是向外伸出且細長的手指，每一條樹突都發現覆蓋一層很厚的結晶狀膠質，解剖學家猜測此脂肪覆蓋物一定能隔絕樹突，像是沿著一條銅線的橡皮外鞘，然而奇怪的是，許多樹突（特別是較細的纖維）完全沒有被覆蓋，即使沿著被隔絕之纖維，隔絕物間的空隙大約每釐米就會出現，裸露的節點已知為「朗

威埃氏結」（nodes of Ranvier），第一位描述此種構造的科學家是法國解剖學家路易斯—安東尼・朗威埃（Louis-Antoine Ranvier）。

　　近代的研究已經顯示神經衝動沿著軸突快速向下傳遞，當神經纖維被髓燐脂覆蓋時，速度要快上一百倍，而且在樹突上的髓燐脂有點像是電氣膠帶，在每一個節點間速度高達一百五十倍，該物質是由兩種「神經膠細胞」（glial cells）製造形成許多薄片狀，這些細胞並非神經元，但是在大腦及神經系統中數量最多，有一種八角形神經膠細胞稱為「寡軸突細胞」（oligodendrocyte）做成包裹，電訊號（無法經由外鞘滲出）在軸突節點及節點間快速跳躍向下傳遞，在大腦與脊髓之外的神經，有一種像是香腸形狀的神經膠細胞稱為「許旺氏細胞」（Schwann cell）形成髓燐脂。

　　如果沒有髓燐脂，訊號會滲出並消失，對於最大傳輸速度，隔絕厚度必須嚴格地與內部神經纖維的直徑成比例，裸露軸突直徑除以總纖維直徑（包括髓燐脂）之最佳比例為0.6，我們不知道寡樹突細胞如何「得知」是否需要十或一百層隔絕物在不同直徑之軸突上來產生適當厚度，但是最近德國馬克斯普朗克實驗醫學研究院的生物學家克勞斯—阿敏・那崴（Klaus-Armin Nave）發現許旺氏細胞偵測到一種蛋白質稱為「神經控制素」（neuregulin）覆蓋軸突，如果此種蛋白

質的量增加或被抑制，許旺氏細胞就會圍繞軸突纏捲較多層或較少層的髓燐脂，有趣的是，許多罹患兩極性異常症或精神分裂症的人，其管制此種蛋白質製造的基因產生缺陷。

包裹作用發生於不同年齡，在剛出生時髓燐脂只有在少數幾個大腦部位量比較多，直到二十五或三十歲時在某些部位擴大增生但並未完全覆蓋神經，當人類生長進入成年期時，「髓燐脂形成作用」（myelination）一般由大腦皮質（俗稱「襯衫衣領」，shirt collar）背面至其前方（前額）成波狀進行，額葉是髓燐脂形成作用最後發生的部位，而這些部位負責較高層之理性、計畫、及判斷能力，這些技巧只能由經驗獲得，研究人員懷疑較貧乏的前腦髓燐脂是青少年不具有成年人作決定能力的一個原因，此等觀察認為髓燐脂對於智力形成十分重要。

假如直到早期成年時大腦未能完成纏繞人類軸突，在經過這整個時段，因為軸突持續生長而由於經驗獲得新分支並修剪其他分支，一旦軸突被髓燐脂覆蓋，它們所能經歷的改變則受到更多限制，長時間以來有一個問題仍然存在，即髓燐脂形成作用是否完全被程式化？或者我們的生活經驗能否改變纏捲程度而讓我們如何學習？髓燐脂是否真正建構認知能力，或認知只是簡單地受限於還未形成的部位？

鋼琴大師弗瑞德瑞克・烏蘭（Fredrik Ullén）決定找出此

答案，他剛好也是瑞典斯德哥爾摩大腦研究所（Stockholm
Brain Institute）的副教授，在 2005 年他與其同事使用一種新
型的大腦掃瞄技術稱為「擴散張量影像儀」（diffusion tensor
imaging, DTI）來研究職業鋼琴家的大腦，DTI 的使用與醫院
裡磁共振影像掃瞄儀種類相同，但是包括一種不同型態的磁
場及不同演算法來產生許多大腦影像切片，然後將這些切片
結合在一起成為立體圖形，切片展現水在組織中擴散的向量
（數學上定義為張量），在灰質中 DTI 訊號低，因為水形成
對稱擴散，但是水沿著束狀軸突流動係非對稱擴散；此種不
規則模式呈現出白質，顯露資訊主要通道是在大腦不同部位
間流動，神經纖維堆疊較緊密並被大量髓磷脂覆蓋時，DTI
的訊號就愈強。

　　烏蘭發現在職業鋼琴家某些白質部位比非音樂家發育
程度更高，這些部位連接多個大腦皮質部位，在協調手指活
動與其他包括認知過程的部位上極端重要，這正是當演奏音
樂時所產生的行為。他也發現當一位音樂家每天練習時間愈
長，一段時間後，在這些白質通道內的 DTI 訊號就愈強；軸
突被更多髓磷脂覆蓋或重疊得更緊密，當然，軸突可能只是
簡單地擴張，需要更多髓磷脂來維持最佳的 0.6 比例，但沒
有經過大體解剖，此問題仍然存在。然而該發現十分重要，
因為顯示出當學習一種複雜的技巧時，在白質中發生可注意

到的改變，這是不含神經細胞本體或突觸的一種大腦構造（僅有軸突及神經膠質），在動物研究上，大腦能被解剖檢視，顯示髓磷脂能針對心智經驗及動物的發育環境而改變，最近美國伊里諾大學神經生物學家威廉・葛林瑙（William T. Greenough）證實大鼠如果養育在「富足」（enriched）環境內（可接觸許多玩具及產生社會互動），在其「胼胝體」（corpus callosum）內具有較多含髓鞘的神經纖維，這是連接大腦兩個半球的大型軸突神經索。

這些結果似乎與美國辛辛那提兒童醫院神經科學家文生・史密特霍斯特（Vincent J. Schmithorst）進行的 DTI 研究結果一致，該研究比較年齡五歲至十八歲間兒童的大腦白質，史密特霍斯特發現白質構造發育程度越高，直接與較高智商有關，其他報告顯示遭受嚴重忽視的兒童，胼胝體內的白質量減少高達 17%。

刺激改變

此等發現強烈建議經驗影響髓磷脂之形成，同時產生之髓磷脂支持學習及技巧的改進，但是想要完全被此種理論說服，研究人員需要一個看似合裡的解釋即為何豐富的髓磷脂能加強認知作用，以及某些直接證據如髓磷脂缺陷會阻礙心智能力等。

實驗室曾發現個人的經驗能影響髓磷脂形成的幾種途徑，在大腦，神經元激發電衝動延軸突傳下；藉裝置有白金電極的培養皿中生長胚胎小鼠神經元，科學家能將衝動模式作用其上，結果發現這些衝動能管制神經元裡的特殊基因，其中一個基因引發製造一種黏性蛋白質稱為 L1-CAM，當髓磷脂開始形成時，此蛋白質將第一層膜圍繞軸突貼上極為重要。

科學家也發現神經膠質能「監聽」（listen in）穿越軸突的衝動，而改變髓磷脂形成作用的程度；有一種神經膠細胞稱為「星狀細胞」（astrocyte），當其感受到衝動傳輸增加時會釋放一種化學因子，此種化學密碼刺激寡樹突細胞形成更多髓磷脂，罹患亞歷山大症（Alexander disease）的兒童有一個星狀細胞的基因發生突變，這是一種致命性的兒童期疾病，引起智力阻滯及異常髓磷脂。

邏輯學也幫助解釋白質如何能影響認知能力，有可能是（與網路類比），在大腦中所有資訊必須儘可能地快速傳遞，這表示所有軸突必須被髓磷脂等量覆蓋，但是對於神經元而言，更快並非總是更好，資訊在大腦中心間必須遠距離傳送，每個中心執行其特殊功能並送出輸出至另一個部位進行分析，對於複雜學習行為，例如學習彈奏鋼琴，資訊必須在許多部位間前後傳遞；流經不同距離的資訊必須在某個時間同時到達一個區域，為達成此精確性，延遲是必須的，如果

所有軸突以最大速率傳送資訊，遠處神經元的資訊總是比鄰近神經元的訊息較晚到達，一個神經衝動在胼胝體內行經有髓鞘軸突時，典型花費 30 微秒由一個大腦半球傳送至另一個大腦半球，比較之下由無髓鞘軸突傳送時間為 150 至 300 微秒，在出生時胼胝體內的軸突並未覆蓋髓磷脂，在成年期時有 30% 仍然如此，此種不同性質可幫助協調傳輸速度。

或許就如同朗威埃氏結一樣重要，在過去幾年，科學家得到結論幾乎沒有出錯，此結的作用如同複雜之生物電中繼器，依靠發電廠產生、管制及沿著軸突迅速傳輸電訊號，由研究貓頭鷹之最佳聽覺，神經生物學家已經顯示，在髓燐鞘形成時寡樹突細胞插入比最佳情況（沿著某些軸突快速傳送訊息）要多的朗威氏結，以減慢沿著這些軸突傳送訊號之速度。

明顯地，神經衝動傳輸的速度是大腦功能的重要部分，我們知道當某些神經迴路連接更強時則發生記憶及學習，看起來似乎髓燐脂影響了此種強度，藉調整傳輸速度，因此電衝動由多條軸突齊發而同時到達相同神經元，當此種集中情況發生，個別電壓影像堆疊，增加訊號強度，因此在作用神經元間形成更強連接，雖然必須要進行更多研究來探索這個理論，但無疑的是髓磷脂對環境起反應並參與學習技巧。

學習與精神疾病

以此種新的觀點來看，不難想像錯誤之訊息傳送如何可能導致精神上之挑戰，經過幾十年尋找灰質造成精神失能的原因後，神經科學家如今具有詳盡的證據認為白質也具有作用，例如讀字困難，由於在閱讀時所需迴路其資訊傳遞的時機被打斷所產生；大腦造影技術已經顯示在這些管路上白質減少，可能引發此等干擾，白質異常被認為同時反映出在影響這些白質連接的神經元欠缺髓鞘形成作用及發育異常。

音調聲聾（tone deafenss）是由於在分析聲音之大腦皮質部位較高層次處理過程產生損傷造成；心理學家馬基爾大學的克瑞斯帝・海德（Kristi L. Hyde）已經發現產生音調聲聾之個人在右前腦一條特殊纖維束的白質減少，更進一步，美國耶魯大學列斯里・雅寇伯生（Leslie K. Jacobsen）最近的研究顯示：人在胚胎發育後期或青春期時暴露於香菸（此時此纖維束正進行髓鞘形成作用）破壞了白質，該構造如擴散張量影像儀所見，直接與聽覺試驗的效能有關，尼古丁已知影響管制細胞發育之寡樹突膠質細胞上的受體，因此在髓鞘形成作用的關鍵期暴露於環境因子會造成終身影響。

如今已知精神分裂症是一種發育異常症狀包括異常連接，證據為多重性，醫生總是懷疑為何精神分裂症典型於青春期發作，但是回憶這是前腦正進行髓鞘形成作用的主要年

齡，此部位的神經元已經大部分形成，但是髓燐脂正進行改變，造成其為發病的可疑情況，此外，在最近幾年有近二十個研究得到結論：在精神分裂症大腦的幾個部位中白質異常（處理比應有的數目較少的寡樹突膠質細胞），同時當最近已可獲得基因晶片（能同時調查幾千個基因的微小診斷器材）時，研究人員驚奇地發現與精神分裂症有關的許多突變基因也進行髓磷脂的形成，同時發現白質異常情況出現於下列病人：注意力異常及過動症、兩極性異常症、語言異常症、自閉症、老化認知逐漸下降及阿茲海默氏症，以及甚至被病態性說謊折磨的人。

當然，髓燐脂發育不全或減弱可能是在神經元間不良訊息傳送的結果，不必然是原因，總之，認知功能的確依賴神經元在皮質的灰質內越過突觸來溝通，大部分精神用藥作用於此處，然而最佳溝通是在大腦部位間，這也是適當認知的基本構造，依賴連接不同部位的白質結構。在 2007 年美國波士頓兒童醫院的神經學家蓋布瑞爾・寇爾法斯（Gabriel Corfas）顯示，實驗性破壞小鼠寡樹突膠質細胞的基因（並非神經元），結果引起驚人的行為改變，會模擬精神分裂症，而行為影響包括相同基因之一，neuregulin，被發現在精神分裂症大腦的活體解剖內呈現異常。

是否髓燐脂之變化改變了神經元，或是否神經元模式變化改變了髓燐脂？這類雞與蛋的問題形成相同情況，而此等困境

總是：承認目前在兩種機制間是密切互相依賴，進行髓鞘形成之神經膠質會對軸突直徑起反應，但是它們也管制直徑大小，而它們能決定一個現有軸突是否存活，例如在多重硬化症中，因為疾病引起失去髓燐脂後，軸突及神經元會死亡。

重塑老年

不論機制為何，當我們的大腦由兒童期至成年期成熟時，大腦部位間連接的精確性增進，連接作得如何良好就可能指導我們能在某種年齡時學習某些技巧如何較佳。

確實，烏蘭對有造詣鋼琴演奏家之研究顯示一個額外的發現：經由較年幼時就使用這種樂器後，個人大腦的白質更加高度發育，在青春期以後學習的人，則只有在前腦白質發育增加，該部位仍然進行髓鞘形成作用。

此發現建議隔絕神經纖維會部分決定學習新技巧的年齡限制─即機會之窗，或關鍵期，此時某些學習能發生或至少能立即發生，在青春期後學習一種外國語言，命定你在開口說話時會帶有外國口音；在兒童期學習語言，你就會說得像母語一般輪轉，我們實際上喪失允許我們聽見外國語言獨特聲音的聯繫，以演化名詞而論，大腦沒有理由保留聯繫來偵測在兒童期後幾年內從未聽過的聲音，關鍵期也是一個成年人的大腦傷害未能恢復得如同兒童同樣良好的主要原因。

專家已經鑑定出髓燐脂中特殊的蛋白質分子，能停止軸突分支生長並形成新的連接，瑞士蘇黎世大學大腦研究人

員馬丁‧許瓦伯（Martin E. Schwab）顯示幾種髓燐脂蛋白質的第一種，會引起軸突年輕之分支在接觸時立即枯萎，當這種蛋白質（他命名為 Nogo，如今稱為 Nogo-A）被中和時，脊髓受傷的動物能修補他們受傷的連接並恢復感覺及運動，最近美國耶魯大學的史蒂芬‧史翠特麥特（Stephen M. Strittmatter）發現動物大腦神經纖維經由經驗而纏捲時的關鍵期，藉抑制由 Nogo 傳來的訊息可被再度打開，當老年小鼠的蛋白質分解時，此動物能再度纏捲對於視覺的連接。

如果髓鞘形成作用在一個人二十餘歲時大部分完成，此現像是否與最近的宣稱矛盾？即大腦在整個中年期及老年期仍然具有彈性？舉例，研究顯示一個人進入六十歲、七十歲及八十歲的心智活動能協助延遲阿茲海默氏症的開端，而為何一個人的智慧在幾十年中會增加？目前答案仍然未知，研究人員尚未檢視年老動物其髓燐脂的變化，其他實驗建議髓鞘形成作用持續進入我們中年期五十歲左右，但是以更為微妙的層次進行。

當然白質對於學習類別是個關鍵，需要長時間練習及重複，以及廣泛整合大腦皮質中分離很遠的部位，在髓鞘仍然廣泛形成時的兒童，發現獲得新技巧要比他們的祖父輩容易得多，對於許多智力及運動能力而言，如果一個人要到達世界水準，他必須在年輕時就得開始，你建立了你今日的大腦藉以與環境交互作用，當你逐漸成長而你的神經連接仍然正

在形成髓鞘，你能以許多方式適應這些能力，但是你或我都無法變成世界級的鋼琴演奏家、棋手或網球專家，除非當我們是兒童時就開始訓練。

當然，老頭子仍然能學習，但是他們係進行一種不同種類的學習並直接包括突觸，而仍然加強訓練引起神經元「發動」(firing)，因此潛在具有那種發動作用會刺激髓鞘形成，或許在某一天，當我們透徹了解白質在何時及為何形成時，我們能找出治療方法來改變其作用，即使白質已經老化，為要傳播這種猜測，我們需要找出訊息，告訴寡樹突細胞讓某個軸突形成髓鞘，而非另一個鄰近的軸突，這種發現被深深埋藏在灰質底下，等待未來的探索者來發掘。

參考文獻

參考文獻

1.One in 10 children mentally disturbed. BBC Health News Online, 19991125.

2.Cohen, Philip, You are what your mother ate, suggests study. New Scientist Health News Online, 20030804.

3.Motluk, Alison, The food you eat may change your genes for life. New Scientist Health News Online, 20051117.

4.Marshall, J., How Prozac affects the brain. New Scientist Health News Online, 20060515.

5.Durrani, Monise, Lasting genetic legacy of environment. BBC Health News Online, 20071220.

6.Fields, R. D., White matter matters. Scientific American, 298(3):42-49., 2008.

7.Motluk, A., Abuse may trigger gene changes found in suicide victims. New Scientist News Online, 20080507.

8.Child abuse 'alters stress gene'. BBC Health News Online, 20090223.

9.MacNeilage, P. F., Rogers, L. and Vallortigara, G., Evolutionary origins of your right and left brain. Scientific American, July 2009.

10.Childhood trauma may shorten life by 20 years. ABC Health News Online, 20091006.

11.Childhood abuse 'speeds up body's ageing process'. BBC Health

News Online, 20091121.

12.Smith, Michael, Bad boys make sick adults. ABC Health News Online, 20091208.

13.Szalavitz, Maia, How Childhood Trauma Can Cause Adult Obesity. TIME Health News Online, 20100105.

14.Callaway, E., Rats on junk food pass cancer down the generations. New Scientist Health News Online, 20100420.

15.Marsh, G., Fat fathers affect daughters' health. Nature Health News Online, 20101020.

16.Hughes, Dominic, Mentally ill have reduced life expectancy, study finds. BBC Health News Online, 20110518.

17.Szalavitz, Maia, How Childhood Trauma Can Cause Adult Obesity. TIME Health News Online, 20100105.

18.Hamilton, A., After a disaster, kids suffer posttraumatic stress too. TIME Health News Online, 20100721.

19.Childhood stress leads to adult ill health, studies say. BBC Health News Online, 20100814.

20.Kluger, J., Genetic scars of the Holocaust: Children suffer too. TIME Health News Online, 20100909.

21.World War II Dutch famine babies' brains 'aging faster'. BBC Health News Online, 20100913.

22.Coghlan, A., Chemical patterns on DNA mark out o9besity genes. New Scientist Health News Online, 20100916.

23.Hayes, E., Child abuse. BBC Health News Online, 20101011.

24.Marsh, G., Fat fathers affect daughters' health. Nature Health News Online, 20101020.

25.Gallagher, James, Mother's diet 'can make kids fat'. BBC Health News Online, 20110418.

26.Stress can shorten telomeres in childhood. Nature Health News Online, 20110517.

27.Coghlan, Andy., Unzipped chromosomes pass on parental stress. New Scientist Health News Online, 20110627.

28.Roberts, Michelle, Mum's stress is passed to baby in the womb. BBC Health News Online, 20110719.

29.Szalavitz, Maia, Study: How chronic stress can lead to depression. TIME Health News Online, 20110803.

30.Gallagher, James, Persistent depression risk 'doubles' in abused children. BBC Health News Online, 20110815.

31.Coghlan, Andy, Epigenetic clue to schizophrenia and bipolar disorder. New Scientist Health News Online, 20110930.

32.Katsnelson, A., Epigenome effort makes its mark. Nature Health News Online, 20101006.

33.Fecht, Sarah, Longevity shown for first time to be inehrited via a non-DNA mechanism. Scientific American Health News Online, 20111019.

34.Ledford, Heidi, Long life passed down through generations. Nature Health News Online, 20111019.

35.Coghlan, Andy, Childhood poverty leaves its mark on adult genetics. New Scientist Health News Online, 20111026.

36.Moisse, Katie, Depression in dads linked to emotional, behavioral problems in kids. ABC Health News Online, 20111107.

37.Brown, Harriet, For some, psychiatric troube may start in thyroid. New York Time Health News, 20111121.

38.Nestler, Eric J., Hidden switches in the mind. Scientific American, December 2011.

39.Rogers, Kara, Epigenetics: A turning point in our understanding of heredity. Scientific American, 20120116.

科學叢書

創傷之源起
——透視兒童虐待與精神疾病之問題

作者◆江建勳

發行人◆施嘉明

總編輯◆方鵬程

主編◆葉幗英

責任編輯◆徐平

美術設計◆吳郁婷

出版發行：臺灣商務印書館股份有限公司

台北市重慶南路一段三十七號

電話：(02)2371-3712

讀者服務專線：0800056196

郵撥：0000165-1

網路書店：www.cptw.com.tw

E-mail：ecptw@cptw.com.tw

局版北市業字第993號

初版一刷：2012 年 12 月

定價：新台幣 290 元

創傷之源起──透視兒童虐待與精神疾病之問題／江
建勳著. --初版. --臺北市：臺灣商務, 2012.12
面 ； 公分. --（科學叢書）

ISBN 978-957-05-2785-8（平裝）

1.兒童虐待 2.精神疾病

544.61   101021437

《法拉第的蠟燭科學》
(*Chemical history of a candle*)
作者　法拉第
譯者　倪簡白
定價 200 元

　　這是他最著名的通俗科學演講，就是以蠟燭為題材的一系列演講。在這演講裡他將各種與蠟燭燃燒的物理化學原理深入淺出的以實驗示範方法介紹給青年學生。這一系列演講通常在聖誕節舉行，稱為聖誕講座 (Christmas Lectures)，這講座一直持續到現在。

　　這本書共有六章，分別講到蠟燭製造、燃燒相關的氣體。有一章講火光，有一章介紹氧氣及水，還有一章提到二氧化碳，有一章講到燃燒產物的大氣汙染，譯者覺得最有趣是講到燃燒的物理、化學過程。這些是 151 年前的科學，但是完全可以放入現今的基礎科學教材。要聲明的是譯者將此書刪減及修改了一部分文字以便於閱讀，因為原文是口語式的，有許多不必要的描述。

《科學史話Ⅱ》
主編　張之傑
定價 250 元

　　本書是《科學史話》的姊妹作。《科學史話》只收史前至清末的部分，本書則收列民國至今的部分。民國以來科學界有哪些軼聞趣事、掌故密辛？本書為您勾勒出一幅幅迭宕起伏的畫卷。

　　本書繼承《科學史話》餘續，仍以短文為主。因為事關現代史，隨意披閱，都可能讓人欷歔吟嘆、欷低迴不已。試舉幾個例子，以見其梗概。

　　鼎嘗數臠，已可看出本書的特色。本書含 40 篇文章，大多在 800 字 ~1800 字之間，不必花費多少時間，就能悠遊於現代史，讀到前所未聞的軼聞趣事、掌故密辛，這是何等樂趣！

傳統現代　並翼而翔

Flying with the wings of tradtion and modernity.

讀者回函卡

感謝您對本館的支持，為加強對您的服務，請填妥此卡，免付郵資寄回，可隨時收到本館最新出版訊息，及享受各種優惠。

■ 姓名：＿＿＿＿＿＿＿＿＿＿＿＿　性別：□ 男　□ 女

■ 出生日期：＿＿＿＿年＿＿＿＿月＿＿＿＿日

■ 職業：□學生　□公務(含軍警)　□家管　□服務　□金融　□製造
　　　　□資訊　□大眾傳播　□自由業　□農漁牧　□退休　□其他

■ 學歷：□高中以下（含高中）□大專　□研究所（含以上）

■ 地址：＿＿＿＿＿＿＿＿＿＿＿＿＿＿＿＿＿＿＿＿＿＿
　　　　＿＿＿＿＿＿＿＿＿＿＿＿＿＿＿＿＿＿＿＿＿＿

■ 電話：(H)＿＿＿＿＿＿＿＿＿　(O)＿＿＿＿＿＿＿＿

■ E-mail：＿＿＿＿＿＿＿＿＿＿＿＿＿＿＿＿＿＿＿＿

■ 購買書名：＿＿＿＿＿＿＿＿＿＿＿＿＿＿＿＿＿＿＿

■ 您從何處得知本書？
　　　□網路　□DM廣告　□報紙廣告　□報紙專欄　□傳單
　　　□書店　□親友介紹　□電視廣播　□雜誌廣告　□其他

■ 您喜歡閱讀哪一類別的書籍？
　　　□哲學・宗教　□藝術・心靈　□人文・科普　□商業・投資
　　　□社會・文化　□親子・學習　□生活・休閒　□醫學・養生
　　　□文學・小說　□歷史・傳記

■ 您對本書的意見？（A/滿意　B/尚可　C/須改進）
　　　內容＿＿＿＿＿編輯＿＿＿＿校對＿＿＿＿翻譯＿＿＿＿
　　　封面設計＿＿＿＿價格＿＿＿＿其他＿＿＿＿＿＿＿＿

■ 您的建議：＿＿＿＿＿＿＿＿＿＿＿＿＿＿＿＿＿＿＿＿

※ 歡迎您隨時至本館網路書店發表書評及留下任何意見

臺灣商務印書館　The Commercial Press, Ltd.

台北市100重慶南路一段三十七號　電話：(02)23115538
讀者服務專線：0800056196　傳真：(02)23710274
郵撥：0000165-1號　E-mail：ecptw@cptw.com.tw
網路書店網址：http://www.cptw.com.tw　部落格：http://blog.yam.com/ecptw
臉書：http://facebook.com/ecptw